秒懂中国史 唐

百度百科 编著
陈 旭 绘图

大连理工大学出版社
Dalian University of Technology Press

图书在版编目（CIP）数据

秒懂中国史.唐/百度百科编著；陈旭绘图.
大连：大连理工大学出版社，2024.10. -- ISBN 978-7-5685-5205-9

Ⅰ.K209

中国国家版本馆 CIP 数据核字第 2024JR9594 号

秒懂中国史·唐
MIAO DONG ZHONGGUOSHI · TANG

出 版 人	苏克治		
项目统筹	邃东敏	策划编辑	海迎新
责任编辑	董歅菲	责任校对	陈 玫
责任印制	王 辉	封面设计	刘润孟

出版发行	大连理工大学出版社		
地　　址	大连市软件园路 80 号	邮政编码	116023
邮　　箱	dutp@dutp.cn	电　　话	0411-84708842（发行）
网　　址	https://www.dutp.cn		0411-84708943（邮购）

印　　刷	大连金华光彩色印刷有限公司				
幅面尺寸	145mm×210mm	印　张	8.25	字　数	155 千字
版　　次	2024 年 10 月第 1 版	印　次	2024 年 10 月第 1 次印刷		
书　　号	ISBN 978-7-5685-5205-9	定　价	58.00 元		

本书如有印装质量问题，请与我社发行部联系更换。

丛书序言

我们为什么要学习历史？

事实上，很多古代先贤和现代领袖都曾给出过答案。宋代史学家吕祖谦曾说："何取观史，当如身在其中，见事之利害，时之祸患，必掩卷自思，使我遇此等事，当作如何处之。"学习历史不能见山是山，见一事而只知一事。应将自己置身其中，思考自己遇事之利害、时之祸患又该当如何。因此，学史，不仅可以启智增慧，同时还可以提升思辨能力。

中国史是中华文化的重要组成部分，承载着厚重的历史记忆与丰富的文化底蕴，它以其独有的方式凝聚着民族的力量，激发着人民的自豪感与归属感。它不仅是连接过去与未来的纽带，更是推动中华文化不断向前、影响世界的强大动力。而随着人们生活节奏的加快，面对互联网的海量信息，如何以更加生动有趣的形式让广大读者了解历史，爱上历史；如何培养广大读者以历史思辨能力去解决现实问题，成为我们出版本套丛书的初衷。为此，我们特别联合百度百科，邀请国内多所高校历史专业的专家学者、全网历史领域头部达人等作者共同编写了"秒懂中国史"系列丛书。

本套丛书旨在通过生动有趣、深入浅出的方式，构建一个既全面深入又简洁易懂的历史知识体系。丛书采用分册编排的设计，每一分册聚焦于中国历史上的一个关键时期，从而系统连贯地展现中华文明的演变历程和中国历史的独特魅力。

每册开篇都有朝代的综合概述，以"这就是……"为题，勾勒出本朝代的历史背景与重大事件，为读者的后续阅读奠定基础。在图书的具体章节中，精心遴选数百位具有里程碑意义的重要历史人物，并根据不同角色划分独立篇章。

丛书遵循"秒懂"的核心理念，运用精炼的文字、生动形象的插图，将复杂的历史事件、纷繁的人物关系、辉煌的文化成就，巧妙地融入一个个易于理解和记忆的小篇章中。这些篇章如同历史长河中的珍珠，串联起一幅幅生动而多彩的历史画卷，让读者在轻松愉快的阅读中，迅速把握中国历史的脉络与精髓。

为方便阅读，丛书统一采用公元纪年法，根据上下文场景，个别年代保留帝王纪年。另外，因多位帝王登基前后名字不同（如宋太宗赵炅，原名"赵匡义"，赵匡胤登基后，赵匡义改名为"赵光义"，赵光义登基后改名为"赵炅"），书中根据文中描述事件时的所用名予以保留。全书文末附朝代纪元表，以时间轴的形式标记出整个朝代皇帝在位时间、皇帝年号、皇帝庙号及皇帝生卒年份等信息，方便读者快速检索并了解整个朝代的发展历程。

编辑出版历史类图书绝非易事，我们查阅了大量的史料与文献，以确保史实的准确客观；我们外聘研究中国古代服饰的学者，逐一审核书中插图的服饰等细节；我们尽量保留书中现代语境评说历史的语言风格，但说实在的，那个尺度真的很难拿捏，少一分可能是正剧，多一分可能是戏说。尽管在这一过程中，我们倾尽全力，但因能力有限，难免有疏漏之处，请读者朋友们不吝赐教。

最后，向参与本套丛书创作的李清泉老师、周月亮老师、纪连海老师、混知、小璐歌、都靓读书等所有作者一并致谢！

编者

2024年10月

目录

第一章 这就是大唐

太原起兵　　　　　　　　　　　　4

玄武门之变　　　　　　　　　　　5

贞观之治　　　　　　　　　　　　6

武周代唐　　　　　　　　　　　　8

神龙政变　　　　　　　　　　　　10

唐隆政变　　　　　　　　　　　　11

开元盛世　　　　　　　　　　　　12

安史之乱　　　　　　　　　　　　13

元和中兴　　　　　　　　　　　　15

甘露之变　　　　　　　　　　　　16

日薄西山　　　　　　　　　　　　17

第二章　帝王君主

李渊与裴寂的君臣之道	21
李渊也是个艺术家	23
李渊晚年是否真的如此潇洒	25
"酒色之徒"李渊为何能问鼎长安	27
李世民的玄甲军到底是轻骑兵还是重骑兵	29
李世民释放的死囚自己回来啦	31
驰骋沙场多年的"硬汉"猝然离世	33
大唐高宗皇帝的夺权之战	35
李治重用武则天真的错了吗	37
李旦的皇帝之路为何如此坎坷	39
李旦遇到桃花劫	41
李旦为顺应天意让位李隆基	43
李豫如何再造唐朝	45
后世如何评价李豫	47
装疯卖傻堪称"影帝"	49
李忱对"科举"的执念有多深	51
延年益寿的"仙丹"竟要了唐宣宗的命	53
李忱凭什么能与李世民齐名	55

第三章 文臣武将

李靖长子竟牵连谋反　　　　　　　　　　59
历史上的李靖到底有多强　　　　　　　　61
大唐最强战神结局如何　　　　　　　　　63
《封神演义》中的李靖和历史上的李靖是同一个人吗　　64
胸怀宰辅之志，却无置身台辅之命　　　　66
爱喝酒，却是人间清醒　　　　　　　　　68
曾被埋没的才情　　　　　　　　　　　　70
他从一员虎将变为"搞笑担当"　　　　　72
别人钓鱼，程咬金钓鳌　　　　　　　　　74
程咬金真是一个传奇　　　　　　　　　　76
门神尉迟敬德历史上真有其人　　　　　　78
尉迟敬德真的是撞柱身亡吗　　　　　　　80
为什么尉迟敬德在李世民的心中排名第一　81
为什么李世民用"妩媚"形容他　　　　　83
没上过战场的魏徵死后却被皇帝放进凌烟阁　85
薛仁贵当真只是贫寒子弟　　　　　　　　87
一代名将的结局是被贬为平民吗　　　　　89
传说中的"三箭定天山"故事是真的吗　　91
狄仁杰的神探身份是真的吗　　　　　　　93

狄仁杰曾劝武则天戒色是真的吗	95
一句话劝谏武则天将皇位归还李唐	97
狄仁杰的真正死因大揭秘	99
张九龄因何被称为"岭南第一人"	101
张九龄为何被称为一代贤相	103
张九龄竟被自己研发的凉茶治愈了	105
《长安十二时辰》里的李必究竟是何方神圣	107
拒为帝王相,誓当王者友	109
我国历史上最早的书院竟为李泌而建	111
"吃醋"一词竟和房玄龄夫妇有关	113
李世民最不可缺的人是房玄龄吗	115
以一介书生建功立业入选"凌烟阁"	117
被李世民倚重的一代贤相到底有多强	119
长孙无忌辅佐太宗打造贞观之治	121
长孙无忌为何死在外甥皇帝手里	123
为了拥立李治,长孙无忌都付出了哪些努力	125
是君臣,是亲人,更是战友	127

第四章　能人雅士

"愤青"骆宾王是如何养成的	131
如何评价骆宾王的"千古一骂"	133

杜甫是李白的"头号迷弟"	135
李白是个富二代	137
李白是一个剑术高超的侠客吗	138
寻仙三人组的蓬头岁月	140
高适和他的两任伯乐皇帝	143
唐朝诗人之达者是高适吗	145
李龟年为何能得到唐玄宗的盛宠	147
王维诗中的"红豆"思念的到底是谁	149
《清平调词》能够存世,李龟年功不可没	151
唐代"顶流歌手"为何最后靠卖唱为生	153
诗圣是如何写好"春雨"这篇命题作文的	155
杜甫怼人有多牛	157
杜甫的"跨界老友"是谁	158
孟浩然与鹿门山的渊源	160
得罪唐玄宗,孟浩然仕途路断	162
大诗人孟浩然的死亡之谜	164
多亏自己的弟弟,王维才捡回一条命	166
王维的音乐天赋竟然这么高	168
第一位被官方认可的"诗仙"	170
为老百姓办实事的诗人	172

谁是白居易心中的白月光	174
不是被贬，就是在被贬的路上	176
刘禹锡为何得罪皇帝	178
"洛下闲废"的刘禹锡	181
《甄嬛传》中的绝美歌词作者竟是他	183
才华横溢的温庭筠为何"高考"总失败	185
孙思邈为何被尊为药王	187
历史上难得的高寿人士	190
孙思邈的"药王"称号实至名归	192
陕西美食葫芦头竟是为了纪念他	194
仅凭两篇文章就让王勃立稳初唐文坛	196
王勃的《滕王阁序》抢了谁的风头	198
毁掉王勃仕途的竟然是一只鸡	199
王勃竟敢为了父亲直接拒绝皇帝	201
因王勃一篇文章而出名的滕王阁	203
《龙岭迷窟》里李淳风的墓到底什么样	205
神童李淳风是如何在唐朝崭露头角的呢	206
世界上第一个给风定级的人	207
李淳风对唐朝以后数学的发展有什么影响	208
"草圣"的称号曾被人怀疑	209
除了书法什么都不会	211

张旭令人羡慕的朋友圈	213
为何吴道子的画作"消失"啦	215
从民间画工到宫廷画师	217
吴道子被尊为祖师爷	219
大唐孤勇者颜真卿"螳臂当车"	221
七十四岁的颜真卿只身赴敌营	223
茶叶的国民饮料之路多亏了他	225
好水配好茶,我的嘴巴就是尺	227
陆羽的茶界封神之路	229
"古文运动"先行者	231
散文成就远在诗歌之上	233

第五章　传奇女性

上官婉儿竟然和武则天有杀父之仇	237
身为大唐"女宰相"的上官婉儿都有哪些功勋	239
武则天和李治竟是模范夫妻	241
武则天的儿子中为何只有李旦得以善终	243
为什么松赞干布执意求娶文成公主	245
文成公主的嫁妆竟助推了吐蕃的发展	247
文成公主的婚礼并非世人想象中那般奢华	249

第一章

这就是大唐

第一章　这就是大唐

唐朝，中国历史上最繁华的时期之一。它傲然屹立，八方来朝；巅峰时期一千二百三十七万平方千米的国土面积，与当时的阿拉伯帝国并称为世界上最强盛的帝国。唐朝的大朝正宫大明宫是当时世界上最宏伟壮丽的宫殿建筑群，占地面积相当于四个明清紫禁城。

这里有指点江山的帝王、傲骨铮铮的文臣、用兵如神的武将、雍容华贵的贵妃，更有光芒万丈的诗仙、诗圣和历经万载永不倒下的脊梁。

这就是大唐气象。青史一卷，为我们描绘出那个始于公元618年，延续了二百九十年的辉煌朝代。

太原起兵

公元 617 年，太原城，李渊设下空城计，吓退突厥数万兵。此时的李渊还是隋炀帝手下的武将。隋炀帝三征辽东失利，隋朝内部陷入动荡，群雄四起。

此时，李渊治下的校尉刘武周起兵反隋，李渊的二儿子李世民"望父成龙"已经很久了，他趁机劝说李渊起兵。同年，李渊起事于晋阳（今山西太原），仅仅五个月时间，就从太原打到了长安，于公元 618 年正式拉开大唐的序幕。

唐朝建立后，李世民击败了陇西的李轨、西秦的薛举父子，之后消灭了洛阳的王世充和河北的窦建德，为唐朝局势的稳固奠定了基础。

玄武门之变

李渊登基后,嫡长子李建成被天上掉下来的太子宝座砸了个正着。可这太子之位,曾被李渊许给打下大半江山的秦王李世民。眼见到手的皇位飞了,李世民决定带兵去找哥哥理论。公元626年,李世民发动玄武门之变,兄长李建成被一箭封喉,弟弟李元吉也难逃一死。处理掉皇位的竞争对手后,李世民又逼迫李渊禅位于自己。此后,李世民就成了大唐帝国的新皇帝,年号"贞观"。

| 秒懂中国史 唐

贞观之治

李世民继位后,兢兢业业,他平突厥、征高丽、送文成公主进藏和亲,使大唐国富民强。在他的治理下,大唐影响力急剧扩大,唐文化渗透日本等周边国家,盛名远播海外。李世民被称为

"天可汗",其统治时期有"贞观之治"的美誉。但他怎么也想不到,后宫中的一个五品才人,日后竟然将李唐江山据为己有。

武周代唐

李世民晚年时，太子李承乾和魏王李泰都觊觎皇位，明争暗斗中他们双双被踢出皇位候选人名单，人畜无害的李治成了最后赢家。

公元 649 年，李治登上皇位。公元 655 年，他力排众议，立武氏为后，借此打压老臣长孙无忌和褚遂良。在李治统治前期，他真正做到了大权独揽，还将大唐王朝的疆土开拓到最大。不过由于身体不好，李治常常让皇后武则天处理朝政，皇权逐渐旁落。

李治过世后，太子李显登基，不久后被贬为庐陵王，皇位交由高宗四子李旦。但很快，临朝称制的太后武则天便降李旦为皇嗣，自己登基称了帝。

武则天开创了武举，重用科举人才，用人不问出身，狄仁杰、张柬之、姚崇等名臣，都是武则天在位时期提拔的人才。但另一方面，她任用酷吏、修建万象神宫，使朝堂上下人心惶惶。

公元696年,契丹人起兵,武周军队大败。公元697年,酷吏来俊臣欲诬蔑李旦、李显谋反,朝堂暗潮涌动。在内外的双重压力下,公元698年,武则天经狄仁杰劝说,意识到李唐是民心所向,最终还政李唐。

神龙政变

晚年的武则天沉迷享乐、无心朝政。已经恢复太子身份的李显不甘心一直受控于武则天,在大臣的拥立下发动了"神龙政变",复位为帝。

在唐朝所有皇帝中,李显最为特别,他父亲是皇帝、母亲是皇帝、弟弟是皇帝、儿子是皇帝、侄子是皇帝,再加上自己也是皇帝。于是,历史赋予了他一个很响亮的外号——"六位帝皇丸"。身份地位如此显赫,李显本人的一生却十分憋屈,刚摆脱了母亲武则天的控制,又陷入妻子韦氏专权的阴影中。他执政期间,处置了许多参与"神龙政变"的大臣,同时放任皇后韦氏和安乐公主干涉朝政,最后死在了皇后韦氏的手中。

唐隆政变

螳螂捕蝉，黄雀在后。公元710年，太平公主和临淄王李隆基联手发动唐隆政变，诛杀了皇后韦氏和安乐公主，拥立相王李旦上位。

对于李旦来说，皇位好像一块烫手的山芋。他的母亲、妹妹、儿子，身边家人无一不盯着他的皇位。

公元712年，李旦很识时务地将皇位禅让于儿子李隆基，迎接他的"夕阳红"生活去了。

开元盛世

登上皇位之初,唐玄宗李隆基励精图治,李唐王朝焕然一新。此后,他又开疆拓土、复兴经济,统治前期享有"开元盛世"的美名。当时,长安的粮食产量和人口数量飞速增长,唐三彩、唐楷等艺术发展也盛极一时。

此时的长安无愧为"天子之都",足足有罗马城的五倍大,到长安游学也成了当时的新风尚。大名鼎鼎的李白正是在开元盛世沾染了"一身仙气",执笔泼墨、出口成诗。杜甫更是不吝于对长安的赞美,写下"稻米流脂粟米白,公私仓廪俱丰实",一词一句,俱是对开元盛世的赞美。

安史之乱

天宝后期,唐玄宗懈怠朝政,李林甫和杨国忠乘虚而入、专权误国。此时,朝廷的中央力量逐渐衰弱,地方势力快速崛起。

河东三镇节度使安禄山悄悄动了心思。公元755年,安史之乱爆发,唐玄宗奉行"打不过就跑"的策略仓皇出逃,杨贵妃却在马嵬坡香消玉殒。

为击败叛军,太子李亨登基为唐肃宗。此时的安禄山还不知道,他的儿子安庆绪对他不满很久了。公元757年,安庆绪弑父,终于把燕王的位置抢到了自己手中。

在与叛军的对抗中,唐军拼死一搏,张巡守住睢阳,李光弼守住太原,广平王李俶(后唐代宗李豫)带领郭子仪、李嗣业等大将收复长安和洛阳,救国于危难之中。

随后史思明先是投降唐朝,又叛变,之后杀了安庆绪,自己当了皇帝,但他又被儿子史朝义所杀。最后,史朝义的叛军被唐军击败。历时八年,安史之乱彻底结束。此时,唐肃宗已经病逝,皇位落到唐代宗李豫头上。李唐王朝的根基在这场"百年之祸"中损毁大半，曾经繁荣鼎盛的唐朝由盛转衰。

元和中兴

唐代宗时期，宦官乱政和吐蕃侵扰使唐朝深陷内忧外患之中。直到唐宪宗即位后，收复了淄青十二州，才逐渐结束了藩镇割据的局面，开创了"元和中兴"。这是唐朝在安史之乱后第一次复兴。

但唐宪宗之后，唐朝的国君质量一代不如一代，唐穆宗李恒、唐敬宗李湛、唐文宗李昂皆为昏聩之君，致使河朔三镇再度叛乱，唐朝国力再度衰落。

甘露之变

唐文宗李昂虽治国能力不足，但也不甘沦为宦官的傀儡。公元835年，唐文宗李昂发动甘露之变。他以观露为由，将宦官团体骗到设置了重重埋伏的禁卫军后院，意图诛杀宦官，但计划失败。这次事变后，一千余人受牵连被诛杀。

直到唐武宗李炎登基，中央采取了一系列打击宦官、削弱藩镇的有效措施，并击败回纥，让唐朝第二次复兴。

日薄西山

公元846年,唐宣宗李忱在宦官的拥立之下继位。他对内安定政局,对外击败吐蕃、安定塞北、平定安南,并接纳了归唐的河湟,史称"大中之治"。可此时的唐朝已是日薄西山、气息奄奄,此时的"中兴"也只是唐朝覆亡前的回光返照。

公元878年,黄巢起义爆发,唐朝国力急转直下,曾经强盛的唐朝变得支离破碎,再无修补的可能。

公元907年,藩镇将领朱温篡唐,为唐朝彻底画上了一个的句号,历时二百九十年的唐朝覆亡。

第二章

帝王君主

李渊与裴寂的君臣之道

自古以来成就帝王大业的"人杰",除了自身有极强的毅力和善于抓住机遇的能力外,也缺不了身边"贵人"的扶持。李渊从起兵到称帝的过程中,有个人对他影响很大,这就是他的老朋友和后来的下属——裴寂。

隋炀帝即位后,好大喜功,滥用民力,修大运河,征高句丽,结果国内民不聊生,反隋起义风起云涌。李渊作为隋文帝的外甥,被隋炀帝先后任命为弘化留守、太原留守,负责对抗叛军。担任太原留守期间,李渊与故友裴寂相逢,相谈甚密。在裴寂的劝说下,公元617年,李渊打着"勤王"(就是迎回隋炀帝)的旗号在晋阳(今山西太原)起事,此即"太原起兵"。

李渊起兵后队伍迅速发展壮大,很快打下长安。他尊隋炀帝为太上皇,以十二岁的杨侑为皇帝,加封自己为唐王。不久隋炀帝在江都被叛臣宇文化及所杀,裴寂立刻帮助李渊谋划称帝。在裴寂一系列运作下,傀儡皇帝杨侑把帝位禅让于李渊,裴寂带领众将几次"劝进"李渊，李渊得以顺利称帝。

唐朝建立后，李渊封裴寂为尚书右仆射，官拜宰相，每日赐御膳。李渊上朝时，裴寂可以与皇帝同座，这是满朝文武无人能及的待遇。退朝后，裴寂还经常被李渊留下询问治国之道。李渊从不直呼其名，而称"裴监"。公元619年，裴寂在抵御刘武周的战役中兵败，李渊也并未与之计较。公元621年，李渊甚至把铸钱的特权给了裴寂。

裴寂深受宠信，不免有骄纵之气。他曾让李渊的三个贵妃在自己家中留宿，后来又接二连三地卷入谋反事件，因受李渊、李世民父子的信任，裴寂才免遭大狱之灾。公元629年，裴寂因牵连僧人法雅妖言案，被彻底罢官。三年后，太宗诏令裴寂还朝，但裴寂不幸死于回京的路上。

裴寂和李渊同为隋朝旧臣，他一路辅佐李渊起兵到称帝，而在唐朝建立后，竟然免于传统的兔死狗烹的功臣结局，实属幸运。李渊父子虽为一代枭雄，但对功高震主的开国元勋，却不像刘邦之于韩信、朱元璋之于李善长那样，做得那么绝。

李渊也是个艺术家

唐朝是"一个需要巨人而且产生巨人的时代",唐朝文化博大精深、艺术辉煌灿烂。身处这样的环境中,大唐皇帝没点艺术细胞也说不过去。世人皆称唐太宗李世民酷爱书法,实际上他父亲李渊的书法也极为精妙,造诣很高。李渊虽然是以武力统一天下,但注重以礼乐教化人民、治理国家,他擅长书法,尤擅龙爪书。

李渊的书法师承路径比较清晰,取法于王羲之,又师从王褒而有王献之之风。王褒书学其姑父南梁书法家萧子云,擅草隶。萧子云书法本学王献之,然因梁武帝不喜王献之书风,为投其所好,转而学王羲之,研析逐渐深入,为梁武帝和后世书法家所推崇。李渊书法师承王褒而得其妙,有南梁风格,但又不拘泥于常体,其用笔老练刚劲,写得既快又好。

李渊家深受书法的影响。李世民极其热爱书法,其书风也有南梁的特征。他对王羲之的书法推崇备至,相传他还是秦王的时候,曾经见过《兰亭集序》的拓本,从此牵肠挂肚。入手后,他吃饭、睡觉、打仗都随身携带,登基后他还把《兰亭集序》放在龙椅旁,甚至死后还以《兰亭集序》为陪葬品。

李渊的妻子,才华横溢的太穆皇后窦氏也爱好李渊的书法。据说,如果把她的作品和李渊的作品混在一起的话,外人很难分辨哪些是窦氏的,哪些是李渊的。

李渊六十多岁高龄所得的幼子李元婴,虽是个混世魔王,可偏偏在艺术上颇有造诣。他自创的"滕派蝶画"艺术价值堪比宋徽宗的瘦金体书法,是国之瑰宝。说到这里,就不得不佩服李渊强大的基因。

李渊晚年是否真的如此潇洒

玄武门事变后，李渊已经无力控制时局，不得不退位，成为太上皇，实际上这也是李世民逼宫的结果。退位后的李渊，身边环绕着不少妃嫔，看似风光无限却有着不为人知的痛苦。

被儿子李世民严密监视的李渊如同囚犯一样。公元635年，近七十岁的李渊开始安排自己的身后事。他下了一道陵寝设置、殡葬礼仪务必节俭的诏令。就在发布这个诏令的同一天，已经做了九年多太上皇的李渊因病与世长辞，谥号太武皇帝，庙号高祖。

李渊到底感染了何种疾病呢？史书记载，这种病就是风疾，用现在的医学知识来解释的话，就是一种心脑血管遗传病，是现代很常见的病症之一。但由于古代医疗技术落后，风疾和天花等疾病被视为不治之症。李渊甚至把这种疾病遗传给了他的后世子孙，导致唐朝八位皇帝因此病而亡。可以说风疾影响了唐朝皇帝的寿命，同时也影响了唐朝的国运。

李渊驾崩后，李世民并未遵照父亲一切从简的遗愿，而是想到父亲为大唐开疆拓土，功勋卓著，决定亲自料理父亲的丧事。他将陵址定在今天的陕西省咸阳市三原县，名为献陵。献陵是积土成陵的代表，呈覆斗形，冢高为十九米，底径东西长为一百三十九米，南北宽为一百一十米，平面呈长方形，分为内、外二城，规模宏大壮观。陵园面积达十几万平方米。这样一座以东汉光武帝刘秀的原陵规格来修建的陵墓，确实也符合开国皇帝的陵墓规格。

"酒色之徒"李渊为何能问鼎长安

作为唐朝开国皇帝的李渊,史家评价褒贬不一。有人认为他优柔寡断、赏罚不明,更有人把他描绘成酒色之徒、庸碌之辈,他们认为从起兵、建唐到平定天下全靠李世民一人之力。但也有人认为李渊有深谋多算、富有远见的一面,其在初唐时颁行的一些措施确立了李唐的基本制度,为后来的"贞观之治"打下了基础。

说李渊沉湎于酒色,也可以说这是他在隋末复杂的政治局势和隋炀帝的多疑下的自保手段。前有杨玄感起兵,牵连范围十分广泛,后有李浑与李敏谋反,其宗族三十多人被杀,当时甚至有人劝说隋炀帝诛杀李姓者,只因坊间流传"李氏当为天子"的谶言。以好猜忌著称的隋炀帝怎能不对手握兵马的李渊产生忌惮?李渊只能处处隐忍,以惑天子罢了。

说他昏庸无能,也可以说这是他的韬光养晦之计。李渊自身技能过硬,善骑射、善隐忍、善观大局,拥有着超强的心理战术和军事谋略。李渊在起兵之后迅速收拢了整个关陇集团，然后直取长安，建立了个人政权。称帝之后他只用了三年就彻底统一了全国，速度之快，历史上鲜少有人能与其匹敌。在一统江山的过程中，虽然李世民在军事方面的出色表现的确起到了一定的作用，但即使没有李世民，李渊也无非就是多花些时间罢了。

李渊称帝后，百废待举。他在建立大唐王朝的同时，着手弥合战争创伤，加强政权建设，唐朝前期的政治、经济、军事和文化在李渊统治时期粗具规模：政治上完善了三省六部体系和以科举为主的人才选拔制度；经济上采用减免税收的制度，沿用均田制和租庸调制；军事上完善府兵制度；文化上提倡儒学思想，进行文史编修。

正是由于他做好了前期的基础工作，才让唐太宗即位之后，在短时间之内创造了辉煌盛世。

李世民的玄甲军到底是轻骑兵还是重骑兵

中国历史上的唐朝，是一个非常辉煌的朝代，一直被后世誉为"盛世"。这个盛世的开创者就是唐太宗李世民。公元598年，李渊和妻子窦氏的儿子李世民出生了。隋朝末年，隋炀帝劳民伤财，社会动荡不安，当时国内的起义此起彼伏。李世民对父亲说，应该起兵夺权，去旧朝建新朝。随后，李世民就随他的父亲南征北战，建立起唐朝，受封秦王。之后，李世民又亲自率领兵马，平定了刘武周、窦建德、王世充等割据势力。在他二十来岁的年纪，李世民已经为唐朝的建立和统一立下赫赫战功。李世民纵横驰骋倚仗的就是他手下那支所向披靡的玄甲军。《资治通鉴》中对玄甲军的记载：秦王世民选精锐千馀骑，皆皂衣玄甲，分为左右队，使秦叔宝、程知节、尉迟敬德、翟长孙分将之。每战，世民亲被玄甲帅之为前锋，乘机进击，所向无不摧破，敌人畏之。由此可见，李世民每次打仗的时候，都是身先士卒，率领他手下的玄甲骑兵，如同黑云压城一般，压向敌阵，无坚不摧。

那么，李世民的玄甲军，到底是轻骑兵还是重骑兵呢？根据历史记载来看，应该是轻骑兵。唐朝初年的轻骑兵和汉代轻骑兵相比要强很多。玄甲军去掉了南北朝时期的重装，减轻了战马的负担，而骑士本身的防护又比汉魏时期的更严密。唐朝铁制的明光铠特别坚厚，骑兵当时主要使用这种铠甲。明光铠非常华丽，是一种胸前和背后有金属圆护的铠甲，重量更轻，防御力更强。李世民手下玄甲军的武器装备大概如下：骑兵专用的长柄格斗武器是马槊；短柄格斗兵器主要是短柄长刀，当时唐军士兵每人一把；作为骑兵，还有一部分人使用锤、斧、鞭等兵器。唐军骑兵一般每人带一个葫芦，葫芦就是箭囊，其中可以装三十支箭。有些骑兵还装备有马弩，马弩射得特别远，能射二百步。

综上所述，李世民手下的玄甲军的装备大概如此。正因为有了这支军队，李世民才能所向披靡。

李世民释放的死囚自己回来啦

玄武门事变之后,李世民自己就当皇上了。他当了皇帝之后,虚心纳谏,还重用魏徵这些人才。李世民对国家和百姓,一直怀有强烈的责任心,他信奉一句话:"水能载舟,亦能覆舟",即只有顺应民心,你才能得天下,才能治理好天下。当时,他奉行"以法治天下"的理念,同时,他还推崇宽人慎行。贞观中后期,李世民大力主张以德治民,实行宽仁之政。

公元632年,临近春节的某一天,李世民要去关押重犯的天牢里看一看。结果,刚一进到牢里就听到无数哀号之声,看到那些犯人,许多都是死刑犯。这些人当中,有的仰面哀号,有的跟死尸一样躺在冰冷的地上。此情此景,惹得李世民大动恻隐之心。于是,他下旨,准备把牢里三百九十名死刑犯都释放回家,允许这些人和他们的亲人团聚之后,再回来受刑。这份诏书一出,他手下不少大臣都觉得不妥,说:"皇上,这些死囚都是些穷凶极恶之人,如果把他们放出去,很难保证他们不会对这个社会造成危害。而且,这些死刑犯一个比一个狡猾,能不能遵守您的旨意,按时间回来报到,这个无法保证。"面对大臣们的愤愤进谏,唐太宗还是坚持己见。原本这些犯人都心如死灰,如今一听皇帝能让自己回家过个节,当时就跟打了兴奋剂一般。而当时唐朝的老百姓听到这件事,都纷纷夸赞说:"我们的皇帝是个仁慈的君王。"更为难得的是,那些死刑犯在家过完了春节之后,竟然一个不少全都重新回到牢中。李世民得知这个消息非常高兴。于是,他决定大赦天下,把不少死囚都放了。

驰骋沙场多年的"硬汉"猝然离世

公元649年,时年五十岁的唐太宗卧床不起了。他当时病得突然,很快就到了弥留之际,于是他下旨,命令皇太子李治到金掖门代理国事,不久李世民就驾崩了。为此,后世不少人发出质疑:李世民这个人一向身体强壮,他当时是正常死亡吗?到底是什么原因,导致他在五十岁的壮年猝然离世呢?一直以来人们对他的死因争议不断。下面,我们就从一些具体的史料中,寻找并推断一下他的死因。

第一,作为一名军事领袖,李世民年轻时经常参加战斗,感受过无数次战争的残酷和惊险。这种刺激,对他的心脏和呼吸系统造成了巨大的负担。此外,李世民在建立大唐的过程当中,经历了好多的艰辛,夜以继日地工作。这种劳累状态长期持续,加速了他身体机能的耗损和衰老。

按照《资治通鉴》的记载,李世民曾经遭遇过中毒事件,被李建成、李元吉下了毒。当时李世民虽然没有被毒死,但中毒对他的身体造成了不小的伤害。

  第二，李世民在晚年的时候纵欲过度。他的爱妻长孙皇后死了之后，李世民开始放纵自己，既喜欢喝酒，又喜欢流连后宫。同时，他服食了很多丹药。所有这些行为都损害了他的身体机能，加速了他的衰老。特别是喝大酒、吃丹药，对他内脏器官造成了特别大的负担。由此，就出现了暴崩这样的结果。

大唐高宗皇帝的夺权之战

说起唐高宗李治与他的舅舅长孙无忌之间的政治斗争，大多数人都会觉得，这不过是专制时代常见的外戚和权臣之乱罢了。但这件事在唐朝初年却有其独特之处。唐朝承袭南北朝士族政治的余绪，其内部存在着一个关陇军事贵族集团，这个集团的权势之大，在唐初可以说是皇权的共同所有者。在唐太宗李世民一朝的储位争夺战中，那些有资格上场角逐的皇子，其背后都有一批军事贵族的支持。

李治在众皇子中，无论性格还是才学都不算出彩，他能够最终胜出，与长孙无忌的力保有直接关系。长孙无忌当然有自己的小算盘，李治性格温和懦弱，看上去就是那种好控制的角色。事实也确实如此，在李治继位初期，长孙无忌的权势达到鼎盛，他的政敌李勣被排挤出政坛，他的盟友褚遂良虽因罪被贬官，但很快就能官复原职。公元653年，长孙无忌一手炮制了房遗爱谋反案，并不断扩大牵连范围，大肆打击政治对手。房遗爱、薛万彻、柴令武，以及宗室成员李元景、李恪、巴陵公主、高阳公主都被处死。李治在朝堂上流泪试图替李元景、李恪等人求情，但无济于事。

　　李治当然不会坐视长孙无忌的势力恶性膨胀。他将李勣重新请回朝堂，获得了李义府、许敬宗、王德俭等人的支持，接着将长孙一党的柳奭、裴行俭、褚遂良等人先后贬官。公元655年，李治将长孙无忌支持的王皇后废黜，一直以来支持李治扩大君权的武氏被立为皇后，朝中的政治力量发生了决定性的逆转。公元659年，李治下令处死了长孙无忌及其主要党羽，长孙集团彻底覆灭。经过这一系列惊心动魄的政治斗争，旧贵族集团被彻底制服，传统中国政治摆脱了南北朝士族政治的残余，向一个新的历史阶段迈进。

李治重用武则天真的错了吗

说起李治这个人，很多人对他最深刻的印象就是他是武则天的丈夫，正因为他重用武后，才使得武后具备了夺权的实力并在他死后登基为皇。看上去，李治重用武后是一步臭棋，但是，至少在其统治前中期他对武后权力的约束一直是十分有力的。这一局面，在他的晚年发生了逆转。

早在公元660年，李治就因为经常头痛而难以参与政务，使得皇后武氏的力量膨胀。很多人都认为，由此开始，李唐的皇权就旁落到了武氏手中。其实这种看法是不正确的。虽然在665年，主张废黜武后的上官仪遭到了族诛，但是李治也曾将武后的心腹李义府贬官流放，且拒绝对其重新任用，使其忧愤而死。李治还批准了武后一党的宰相许敬宗的退休申请，斩断了武后在朝中的臂膀。对李治来说，武后虽然常常有越权之举，但局势自己完全能够控制。

但是，随着李治病情的恶化，李治对武后的依赖也在增强。

公元675年，李治甚至有了让皇后武氏摄政的打算。当时，宰相郝处俊等人坚决反对，才使李治作罢。很多人指责晚年的李治病糊涂了，但是从李治的角度来说，皇后武氏一直是他打击朝廷勋贵、加强皇权最坚定的政治盟友，在他病入膏肓的时候，他将权力交给自己最信任的皇后武氏，从当时的朝局来看，是非常稳妥的。

公元683年，唐高宗李治病逝。李治生前最信任的政治盟友，看起来绝对不会觊觎皇位的武后，在他死后七年就夺取了全部权力，并登基为皇帝。

李旦的皇帝之路为何如此坎坷

唐睿宗李旦一生两度登基,三让天下,在位八年,实际掌权时间只有两年,帝王之路十分坎坷。

经历如此辛酸,是因为他生活在一个政权斗争激烈复杂的时代。

李旦是唐高宗李治和武周女皇武则天的第四个儿子。他性格谦恭,本无意帝王之位,却几次被卷入皇权的斗争中。

李旦第一次称帝是在公元684年,当时武则天把控朝政,废皇帝李显,改立李旦为帝。李旦虽贵为皇帝,却被软禁。他第一次让位是在公元690年,侍御史傅游艺请武则天称帝,皇宫内外纷纷响应。李旦迫于形势,主动退位,请武则天称帝,自降为"皇嗣"。第二次让位是在公元698年,武则天在狄仁杰等人的劝说下,决定还政于李室,在此关头,李旦"数称病不朝,请让位于中宗",最终把皇太子的位置让给哥哥李显。公元710年,唐中宗李显驾崩,其子李重茂称帝,同年7月,李重茂让位,李旦再次登基；两年后，彗星出现，有术士指出这标志着"除旧布新"，于是李旦第三次让位，将帝位让给儿子李隆基。

　　李旦的一生身份颇多，在皇子、亲王、皇太子、皇帝、太上皇之间不停变换，可以算得上是中国有史以来最特别的皇帝之一了。

李旦遇到桃花劫

李旦在而立之年曾遭遇一场桃花劫,在这场劫难中,他的两位爱妃无故失踪,而他为了保命,连爱妃的下落都不敢询问。这到底是怎么一回事呢?

李旦遇到的这个桃花劫,主角是武则天的婢女韦团儿。

李旦当时的身份比较尴尬,那时他将皇位让给母亲武则天,自降为"皇嗣"。此时的他并不受武则天的喜爱,反而被当作威胁。

韦团儿聪明机敏,深得武则天的喜爱。也许是因为李旦性格温润如玉,又是皇帝之位的候选人之一,韦团儿对李旦展开追求。

考虑到韦团儿是武则天身边的亲信,李旦担心她是母亲派来的奸细,所以面对韦团儿的示爱,李旦一再婉拒。

这种绝情行为让韦团儿由爱生恨,并将自己的恨意转移到李旦身边的两个爱妃身上。她想办法将两个刻有武则天名字的桐木小人，分别放在太子妃刘氏和窦氏床下，之后跑到武则天面前诬告二人，说她们用蛊道诅咒武则天。

不久，刘氏和窦氏在前往武则天宫中请安后，便消失不见了。

李旦明知此事，但害怕惹怒母亲，只能装作若无其事，不敢多问一句。

然而，韦团儿在害死刘氏和窦氏后，又想谋害李旦。武则天知晓此事之后，下令处死韦团儿。自此，李旦才彻底摆脱这场桃花劫。

李旦为顺应天意让位李隆基

李旦二次称帝时，虽然摆脱了与母亲、兄弟之间的皇权斗争，却又遇到了妹妹与儿子的王权暗夺。

公元710年，李旦的第三子李隆基不满韦后乱政，与太平公主联手，暗中招揽豪杰，密谋推翻韦党，匡扶社稷。之后李隆基发动兵变，助父亲李旦登基，自己成为皇太子。

因为前有母亲武则天称帝的先例，所以太平公主也有心于皇位。

一日，彗星出现在西方天空，太平公主想离间李旦与李隆基之间的关系，便指派一名术士向李旦进言："彗星出现标志着除旧布新，而天空中的帝座星、心前星均有变化，这一切都预示着皇太子将要成为天子。"没想到李旦却认为这是天意，决定"传德避灾"，将皇位传给李隆基。

太平公主见事情不妙，又拉动自己的党羽极力劝谏，企图说服李旦不要禅位。李旦态度十分坚决，说："唐中宗年间，奸佞擅权,上天多次示警。我当时就曾请求中宗择立贤子,以避灾祸,结果惹得中宗不悦。我为此忧惧数日,寝食难安。难道说,我能劝说中宗禅位,而到自己该禅位的时候,却反而做不到吗?"

太子李隆基听到消息,连忙入宫,叩头推辞。李旦却认为他是孝子,不必等自己死后才继位。此后,李隆基登基称帝,开创了"开元盛世"。

李豫如何再造唐朝

安史之乱爆发后，安禄山叛军攻占潼关，李唐皇族仓皇出逃。身为皇孙的李豫也跟着爷爷唐玄宗逃到成都。

马嵬坡兵变以后，李豫想要挽回危局，便劝父亲李亨北上募集军队。在他的鼓舞下，李亨在灵武继位，重新组建朝廷。而李豫也因劝谏有功，被封为"天下兵马大元帅"，统率三军收复失地。这时的他知人善用，重用朔方节度使郭子仪。

后来朝廷军队遭遇叛军重创，危及唐肃宗，又是李豫挺身而出，挫败叛军，使士气大振。随后，他又以郭子仪为中军，排兵布阵，统率十五万大军，联合回纥军队东讨叛军。最终，他大胜十万叛军，成功收复长安和洛阳两座都城。因为平叛有功，且避免了回纥军队屠杀长安百姓，他得到了京城名门望族的支持，大大提高了个人威望。就连他的父亲唐肃宗都承认自己不如这个儿子，册立了他为皇太子。

安史之乱逐渐平息，后宫却发生惊变。唐肃宗宠妃张良娣暗中发起宫廷政变，妄图对李豫下死手。李豫却在宦官李辅国的扶持下成功继位。

李豫登上皇位后，李辅国日益骄横，可李豫迫于李辅国手中的兵权不敢轻举妄动，只得委曲求全尊称其为"尚父"。李豫的妥协退让让李辅国放松了警惕，后李豫抓住机会派人暗中刺杀了他，一举收回皇权。此后，他又部署各方力量，彻底平息了安史之乱，大唐江山得以延续下去。

后世如何评价李豫

安史之乱爆发后,李豫能够看准时机,劝父亲李亨另立朝廷登基为帝。随后,他又带兵收复东西二都,成功平定了安史之乱,巩固了唐朝江山。但为何后人对他的评价很矛盾呢?

这是因为李豫虽有再造唐朝之功,但也有三项措施惹人诟病。

第一,在收复东西二都的过程中,为了保护京城长安,李豫允许回纥士兵在东都洛阳烧杀抢掠。安史之乱爆发后,李豫手中平叛兵马不足,同时为了避免回纥向吐蕃靠拢,就以允许回纥士兵在攻克城镇后烧杀抢掠作为奖赏,邀请回纥军队与己方合作,组成"唐回联军"进行平叛。等到兵临长安,李豫为了避免政治中心受到重创,决定以洛阳百姓为代价,保护长安。不过这里面也有他个人的私心,就是长安勋贵众多,庇护他们有助于自己登上皇位。

第二,他在位期间重用宦官。安史之乱平定后,李豫开始不信任手下的文臣武将，再加上他是由宦官扶持上位的，所以他对宦官有着天然的亲近感。于是他重用宦官，允许宦官专权，最典型的就是鱼朝恩专权。这加剧了朝廷的腐化，为日后宦官架空皇权埋下了伏笔。

第三，他给藩镇节度使放权，允许他们掌握财政大权，加剧了河朔三镇的分裂。节度使有了财权，就开始形成割据势力，这也是唐朝灭亡的直接原因。

装疯卖傻堪称"影帝"

历数大唐王朝中的帝王,如果说谁是"表演艺术家",那一定非唐宣宗李忱莫属。

为了实现自己的宏图霸业,李忱用精湛的演技装疯卖傻三十六年,骗过所有人,最终站到了天子高位。

因为母亲身份低微,所以李忱不受宠爱。从出生起他就承受冷落和欺凌。十岁那年,他的父亲唐宪宗驾崩,这让他本不幸福的生活更加艰难。

当时,帝王频繁更迭,宫斗复杂激烈,李忱本就沉默寡言,知道自己稍有不慎就会成为别人争权夺利的棋子。为了自保,李忱便向痴傻的方向伪装自己,极力向外人证明自己没有任何威胁。

从此,他成了众人戏耍的对象。在一次宴会中,唐文宗为了寻开心,任由众人肆意辱骂自己的叔叔李忱,逼迫李忱说话;唐武宗更是瞧不起他,在李忱骑马、逛花园时,总是故意制造"意外",甚至还命人把他关进宫厕。面对此类事件,李忱不但不生气,反而表现得很开心。

就这样,李忱忍辱负重多年,登上帝位之后,才一展雄风,堪称"扮猪吃老虎"的典范。

李忱对"科举"的执念有多深

唐朝有一位皇帝,极爱儒术,却因自己没办法参加科举而遗憾不已。他就是唐宣宗李忱。

李忱对"科举"的执念有多深呢?

在《唐语林》中有记载,李忱非常喜爱和羡慕进士,面对大臣时,总爱问他们:"你们有考中进士吗?"如果对方说考中了,是几甲几名,他就非常开心,还会追问他们考试时写的诗赋是什么题目、主考官是谁等问题。遇到自己认为优秀的人没有中第,他会叹息很久。

李忱还经常微服私访,在长安与举子交际,如果遇到文采出众的考生,还会特意交代主考官关照这个考生。《北梦琐言》记载过一件事情:陕州廉使卢沆颇有诗名,李忱与他交谈之后,就向他索取诗卷,放在袖中乘驴离开,第二天在朝堂上,李忱对大臣提起卢沆,并下令让主考官将卢沆提拔登第。

为了满足自己对进士称号的渴望,李忱曾题名"乡贡进士李道龙",甚至还在大殿的柱子上写"乡贡进士李某"。

如果李忱没有出生在帝王之家,那他一定会是一个"科举狂人"吧。

延年益寿的"仙丹"竟要了唐宣宗的命

李忱的登基之路十分艰辛,他凭借装疯卖傻躲过王权斗争,熬过穆宗、敬宗、文宗、武宗四代皇帝之后,终于坐上了皇位。在位期间,他励精图治,百姓争相称颂他。

这样一位好皇帝,本想通过仙丹延年益寿,继续完成自己的宏图大业,最后却因为服用丹药,中毒身亡。

在唐宣宗之前,是唐武宗李炎执政。唐武宗李炎由于信任道士,长期服用"仙丹妙药",身体受到极大损伤,最终毒发身亡。李忱目睹了这一切,他虽然深知向道士们求取丹药之事荒诞无稽,却还是拒绝不了"长生不老"的诱惑。

唐宣宗即位后,虽然下令处死了深得唐武宗信任的道士赵归真,却拜了衡山道士刘玄靖为师。不久,唐宣宗下令整修唐武宗在大明宫建造的望仙台,但由于谏官反对,他最终只能作罢。

《资治通鉴》记载,公元857年,唐宣宗派遣中使到罗浮山寻访道士轩辕集,并将轩辕集召入宫中,询问长生不老之术。轩辕集却说唐宣宗"弃欲从德，自然受福"，无须再求长生。

唐宣宗不听劝告，服用太医李元伯所献的仙丹。公元859年，唐宣宗因服用丹药中毒，身体每况愈下，连续一个多月不能上朝，最后病入膏肓，享年五十岁。

李忱凭什么能与李世民齐名

李忱即位后,一改往日装痴扮傻的表象,勤于政事、治国有方,史学家把这一时期称为"大中之治"。

李忱称帝之后,一直把唐太宗当作榜样,把"至乱未尝不任不肖,至治未尝不任忠贤"当作座右铭,更是把《贞观政要》写在屏风之上,经常恭敬地拱手拜读。

李忱在位期间,用极短的时间结束了近四十年的"牛李党争",将唐武宗时期的重臣、李党领袖李德裕清除庙堂,起用了牛僧孺等一众牛党成员。

鉴于前朝高官人数太多的弊端,李忱严格控制高官人数,并且对授官爵、赏服色十分谨慎,不以个人喜好相授、不以亲疏远近相授。

与唐朝晚期其他君主不同,李忱善于纳谏。不论是谏官论事,还是门下省的封驳,他大多虚心采纳。

李忱虽然宽仁爱人、平易近人,但用法却极为严格。他曾说:

"违犯朕的法律，即使是我的子弟，一样不宽赦。"

在位期间，李忱勤俭治国、用法无私，深受百姓爱戴。世人认为他有唐太宗李世民的风范，尊称他为"小太宗"。

第三章 文臣武将

第三章 文臣武将

李靖长子竟牵连谋反

一代战神李靖，在大唐可以说是无往不利，平岭南、灭东突厥、破吐谷浑，战功赫赫；上马能打仗、下马能当相，文武双

全。后世在《封神演义》中更是把李靖描绘成了神仙，设定为哪吒三兄弟的父亲。

其实历史上，李靖有两个儿子，长子李德謇，次子李德奖。据记载：李靖的长子李德謇为将作少监，估计是承李靖余荫封的官，这在唐朝权贵中是很常见的。李靖谨小慎微，恐功高震主，经常谢绝宾客，闭门不出，可长子李德謇还是受李承乾谋反案牵连。李承乾被贬为庶人，而李德謇因与李承乾交好，受牵连流放岭南。不过，唐朝有以功劳赎罪之说，凭借父亲的功劳，李德謇被改流放苏州。虽最终难逃罪罚，却可以少受不少罪。

次子李德奖，传说做了侠客，但此说法不可考证。另有一说以李靖玄孙李浚墓志铭为据，认为李德奖曾出任延州刺史，承袭了李靖卫国公的爵位。

历史上的李靖到底有多强

李靖是与孙武、白起、韩信、卫青、霍去病等名将齐名的唐朝名将，位列武庙十哲。

很多人对李靖的实力不太清楚，认为他的功绩不如卫青、霍去病北击匈奴那般享誉史书。可放眼整个大唐，有资格在军功上匹敌李世民的人，只有李靖。

李靖大器晚成，他跟随李世民南征北战，崭露头角的时候已经五十多岁了。他过金州破邓世洛，在开州平冉肇则，而后在两个月内入荆湘、渡三峡、破荆门、克宜都、下夷陵、克江陵、灭南梁、平萧铣、定江南。平定江南之后，李靖又南下岭南，岭南大族，无一不服。

在中国两千多年的封建王朝中，能征服青藏高原的军事家实属凤毛麟角。很多历史名将，如薛仁贵、段志玄都曾试图挑战，但都以失败告终。可彼时已经六十五岁的李靖却做到了。

卫青、霍去病二人之所以闻名，是因为他们逆转了汉朝与匈奴间的态势，李靖之所以没有他们出名，是因为他没有遇到足以与自己匹敌的对手。

李靖平南梁，灭东突厥，破吐谷浑，其军事谋略之深，"事后诸葛亮"也难以看懂，这正是大唐第一名将李靖的魅力。

大唐最强战神结局如何

古代的名将中，能打仗的人很多，但能得善终的却很少，如白起、韩信等人，下场一个比一个惨。可大唐的最强战神李靖却能在屡次受到皇帝的猜忌后，依然得以善终。他是怎么做到的呢？

公元626年，当时的秦王李世民下定决心要争夺皇位，便派人去边关询问李靖的态度，希望取得边军的支持。可李靖果断拒绝了李世民的请求，却没有将此事上报给李渊。这让李世民对其大加赞赏。李世民虽然希望李靖能够帮助他夺权，但其两不相帮的态度对李世民来说更为放心。

公元634年，李世民批准了李靖的辞任申请，允许他回家养老，可不到两个月，吐谷浑进犯凉州，六十四岁的李靖再次挂帅出征，为大唐彻底解决了吐谷浑的问题。班师回朝后，李靖闭门谢客，开启了养老生活，以七十九岁高龄得以善终。

巧合的是，就在李靖去世的八天后，唐太宗李世民驾崩，君臣二人也因此成就了一段有始有终的美谈。

《封神演义》中的李靖和历史上的李靖是同一个人吗

在明清小说《西游记》《封神演义》《隋唐演义》中,都提到一个人物——托塔天王李靖。故事中的李靖,家住陈塘关,是商纣王四大总兵之一。后来,他协助周武王克殷有功,位列仙班,被升为托塔天王,成了一名天宫武神。然而,历史上真实的李靖与故事里中的李靖却大相径庭。

历史上的李靖,出生在隋末唐初,为大唐立下了赫赫战功,生前就被唐太宗封为卫国公。公元643年,李靖的画像被请进凌烟阁,位居凌烟阁二十四功臣的第八位。死后,李靖又被请进武庙,与白起等其他名将一起,作为"武庙十哲"真正列于国家祀典中,就连关羽、张飞等人也要屈居其后。明朝时,李靖又被明太祖列入古今功臣三十七人之中,配享历代帝王庙。

不过,大唐将军李靖确实是小说中商朝托塔天王的原型。

由于得到历代帝王的认可,祭祀李靖的民间活动得以蓬勃发展。加上与佛、道两教既有神仙形象的融合,李靖的"神仙"身份愈加得到认可。

从大唐名将李靖到托塔李天王,背后既有真实的历史功绩,又有官方和民间的祭祀活动;既有宗教融合和文学艺术的创作加工,也有坊间百姓的想象和口耳相传,各种因素融合,塑造了我们熟悉的"托塔天王"李靖。

胸怀宰辅之志，却无置身台辅之命

在隋末唐初有这样一位诗人，他从小就被人视为神童，但最终郁郁而终。他三次做官，又三次辞官，最后一次辞官竟然是因为喝不到美酒了。如此"奇人"便是大诗人王绩。

公元585年，王绩出生在绛州龙门（今山西河津）。他自幼好学，才识过人，年仅十一岁就游历京师，得到隋朝重臣杨素的接见。杨素及其客卿在与年少的王绩交谈后，交口称赞，认为他是"神童仙子"。王绩也不负众望，在五年后举孝廉为官。然而，王绩本性好逍遥，不喜欢在京畿为官，因此自请外放到六合县担任县丞。隋末天下大乱，荒废公务的王绩被弹劾辞官还乡。

唐朝建立后，王绩应召到朝廷为官。王绩依旧按照他在隋朝的官秩在门下省任职。当时，门下省每天会给官员提供三升酒。王绩本就是爱酒之人，曾说在门下省为官最好的地方就在于每天可以喝三升美酒。侍中陈叔达听到王绩的这番话后，下令将王绩每天的美酒从三升改为一斗，从此之后，大家都称王绩是"斗酒学士"。但是，王绩的志向是置身台辅，当下的境遇无法满足他的愿望，因此，他在贞观初年再次辞官还乡。但是，朝廷很快又一次征召他为官。此时，王绩听说太乐署焦革酿的美酒远近闻名，为此他多次请求担任太乐丞。最终，吏部拗不过他，让他如愿在太乐署任职。从此，王绩常与焦革共饮美酒。焦革去世后，他的妻子依旧给王绩送酒，直到一年多以后焦妻去世。焦妻去世后，王绩称这是上天不让他享受如此美酒，于是选择弃官离去。

还乡后，王绩不仅按照焦革的酿酒方法继续酿酒，还广泛学习了杜康等人的酿酒方法，写出了《酒谱》。他还建立了杜康祠，让焦革陪祀。从此之后，王绩一边享受美酒，一边写诗著文，过上了逍遥自在的日子。

王绩一生三仕三隐，既有出世隐者的豁达，又有怀才不遇的无奈。

爱喝酒,却是人间清醒

生性嗜酒,但是却并非无才昏庸。在后世史书中,王绩留下了不少奇闻逸事。虽然这些故事乍一看十分荒诞,但却刻画了王绩仕途不顺、归隐山林的形象。

王绩的第一条奇闻就和喝酒有关。王绩归隐后常常买醉,不喝到五斗不醉,人称"五斗先生"。而且,只要有人请他喝酒,无论身份高低,他都会欣然前往。他的老友杜之松在担任刺史期间,想请王绩来讲授礼法,王绩却说请他喝酒可以,请他讲授"糟粕"不行。

王绩还有一条奇闻,不仅与他爱喝酒相关,还展现了他的志趣。相传,王绩为官期间,常常借酒买醉,荒废政事。乡人嘲笑他时,他就托名"无心子",表达自己的心意。他对乡人说:"春秋时期有一个叫无心子的越国人,品德高尚、志趣高洁。越王让无心子做官,却不知道无心子是个贤者。无心子获得官职时面无喜色,被罢免官职时也面无怒色。机士遇到无心子时感叹,无心子这样贤能的人也会被罢官。无心子则回答说，骏马往往被人重视而累死，丑马却能在山野间自在生活。凤凰不因栖息在山中而嫌恶，蛟龙更不会为盘踞在泥水中羞愧。与此相同，君子不拘泥于洁行就会招来祸患，不回避污秽却可以蓄养精神。"通过这段叙述，王绩将他的志趣清晰地展现在我们眼前。

无论是好喝酒，还是借古人之口阐明自己的志趣，王绩的奇闻逸事始终萦绕着他高洁的品格和心性。

曾被埋没的才情

如今，我们谈到王绩的时候，一般都会想到他出众的诗歌作品。但是，在明朝之前，文人们并不夸赞王绩的文采，只夸赞他的品格。

唐朝文人在评价王绩时，往往都夸奖他的隐世之风。王绩的朋友吕才将王绩的诗作汇编成册，并为文集写了一篇序文。在这篇序文中，吕才对王绩辞官还乡、隐居山林以及纵意琴酒的事情大为赞叹，但是却没有对王绩的诗文进行点评。百余年后，陆淳在给王绩的文集作序的时候也对王绩的隐逸之风进行夸赞，而对诗文不予评价。有唐两百余年，文人都只重王绩的品行而轻视他的才气。宋朝文人沿袭唐人评价，依旧将王绩视为隐者的代表，而忽视王绩的诗文。比如苏轼在夸赞同为隐者的陶渊明时，不仅赞叹他的品性，还盛赞他的诗文。但是，当说到王绩时，苏轼却只夸赞王绩的风雅，而对其诗文置之不理。

到元朝以后，文人墨客终于开始注意到王绩诗文的重要性。

元朝文人杨士宏在《唐音》中首次收录了王绩的诗文。到了明朝，王绩的评价迎来了一个较大的提升。明初文人高棅在《唐诗品汇》中不仅收录了王绩的六首诗文，还将王绩的诗文列在"正始"，可见高棅不但认可王绩的才气，还将王绩的诗歌视为"盛唐之音"的先声之一。从此之后，有关王绩诗歌的风评不断攀升。不但高棅将王绩视为上承阮籍、陶渊明，下启王维、李白的重要人物，王夫之也盛赞王绩的诗歌。在近代，闻一多更是将王绩的《野望》视为"初唐第一首好诗"。

虽然王绩的诗文在唐宋数百年间被人忽视，但是他"发盛唐先声"的才情是无法被抹除的。元朝以后，文学家们对王绩的评价终于从品格高清扩展到品学俱佳。

他从一员虎将变为"搞笑担当"

如果给中国的谚语做个排名,"半路杀出个程咬金"绝对位居前列。另外"程咬金的三板斧"排名怕也不低。程咬金为何有如此高的知名度呢?这要归功于两部小说。

在小说《说唐》和《隋唐演义》中,程咬金长相凶恶,行事鲁莽滑稽,性格粗犷,武功不高,但凭借运气和小聪明取得了不少战绩,是一员福将。

在小说中,程咬金用的武器是斧头,他在梦里学习武功,因为被人惊醒,就只学会三招。这三招威力很强,但程咬金记性不太好,每次出招前都得先报出名字,才能想起招数——掏耳朵、劈脑袋、剔牙齿。要是这三招治不了敌人,程咬金就无招可出,剩下的办法就是逃跑。在秦琼的指点下,程咬金又自创半招。后人常用三斧子、三斧子半来形容程咬金的招数,指的就是他武功平平、虎头蛇尾。这样的形象和真正的程咬金相比差别还是很大的。历史上的程咬金骁勇善战,擅使马槊,也就是丈八长矛。

他可不是凭三招走遍天下的谐将,而是一名有万夫不当之勇的虎将。

小说中的程咬金干了不少混事,外号"混世魔王"。程咬金早年因贩卖私盐入狱,出狱后靠卖柴扒为生。当时正值隋炀帝在位时期,社会黑暗,百姓生活难以为继,各地官府却不断进献皇纲,也就是将各种宝物献给皇帝。尤俊达想劫夺经过山东地界的皇纲,就物色帮手,最后找到了程咬金。两人合伙抢了好几次皇纲,每次都是程咬金埋伏在半路上,等护送皇纲的队伍走近时突然手持大斧头杀出,把护送人员吓得纷纷逃命。这就是"半路杀出个程咬金"典故的由来,指事情发生得太突然让人意想不到。

程咬金在小说中是一个非常讨喜的角色,鲁莽滑稽又重情重义,正是得益于此,他的故事才广为流传,成了家喻户晓的人物。

别人钓鱼，程咬金钓鳌

在真实的历史中，程咬金不仅是一名征战四方的猛将，更是造福一方百姓的地方官。公元 637 年，程咬金出任普州刺史。唐朝普州地域广阔，辖六县，今四川安岳、乐至全部在内。普州地处巴蜀要塞，自古就是兵家重地，需要猛将重臣驻守，作为唐朝开国元勋的程咬金就被委以重任。

程咬金在担任普州刺史期间留下了很多遗迹，今天的安岳县城北坝就是当年程咬金的屯兵之处，县内现存的三百多处古寨不少都是当时程咬金为了抵抗外敌而修建的。安岳如今还流传着程咬金微服私访智破鬼案、坐花轿救新娘的故事，而其中最让人津津乐道的莫过于程咬金钓鳌了。

相传程咬金到任后，狠抓民生，下大气力整治位于县城东门的岳阳河。在他的治理下，河流生态得以改善，水生物产越来越丰富，两岸环境越来越好，吸引了很多人前来消遣。有不少人喜欢在这儿钓鱼，还有人钓到小乌龟。程咬金听到这事后，心痒难耐，让人给他找来钓竿，也跑到河边垂钓。

当时接近立冬，正是垂钓的好时候。程咬金到河边后，用蚯蚓作钓饵，没过一会儿就钓上来一只乌龟。为了纪念程咬金治理岳阳河的功劳，安岳人便把程咬金垂钓的地方取名为"钓鳌台"。明万历年间，安岳知县李奇英题有"钓鳌台垂柏诗碑"，可惜现已被毁。清朝时，安岳县举人谭言藻在岩壁上刻了"钓鳌台"三个字。现如今，钓鳌台已不存在，但程咬金钓鳌的故事还在安岳流传着。

程咬金真是一个传奇

在小说中,程咬金做了瓦岗寨皇帝,活到一百多岁,一生历经高祖、太宗、高宗、中宗、睿宗、武后六朝天子,堪称大唐第一寿星。那真实的程咬金是什么样子呢?

事实上,历史上程咬金的一生也非常传奇。中国传统讲究忠臣不事二主,可是程咬金屡次改换门庭,还能被李世民重用,受封国公,成为"凌烟阁二十四功臣"之一,可以说是名副其实的"传奇"了。

程咬金生于公元589年,少时习武,非常骁勇。大业末年,天下大乱,盗贼横行,程咬金在家乡组织起一支数百人的队伍护卫乡里,受到百姓欢迎。李密当了瓦岗寨首领后,程咬金前去投奔,得到重用。为了自卫,李密从军中精心挑选八千勇士组成内军,隶属于四骠骑,而程咬金就是四骠骑之一,颇受礼遇。

李密兵败,程咬金被王世充俘虏,受到厚待。程咬金感念王世充之恩情,为其效力。可王世充气量小、好说大话,喜欢赌咒发誓，不是明主之兆，程咬金与好友秦琼二人不免生出了降唐的心思。

公元619年，王世充和唐军在九曲作战，程咬金、秦琼都领兵在列，两人趁机带领几十名部下向西跑了一百多步，然后下马向王世充辞别，说王世充好猜忌人，听信谗言，自己待不下去了，要拜别他，投奔唐军去了。

临阵投敌，最容易动摇军心。王世充虽然气恼，但又害怕，不敢追击，眼睁睁看着好几十人跑向死对头的阵营。李渊听说此事后，非常高兴，让程咬金和秦琼跟随李世民。李世民早就听说过二人的大名，十分敬佩他们，任命程咬金为左三统军，秦琼为马军总管。程咬金入唐后没有受到猜忌，凭着个人的胆识，征战沙场，每次都是冲锋在前，屡建功勋。李世民登基后，程咬金受封国公。他到地方任职，政绩显著，进入凌烟阁功臣之列。公元665年，程咬金在长安病逝，享年七十七岁。

门神尉迟敬德历史上真有其人

春节是中国最重要的传统节日之一,一到春节,家家户户都会贴门神。贴门神,有辟邪、驱灾、纳福的寓意。虽被称为"神",但是尉迟敬德和秦琼两位传统门神并非是虚构出来的人物,而是历史上有名的武将。历史上的尉迟敬德是什么样的人呢?

尉迟恭,字敬德,他是唐朝的著名将领,官职做到右武候大将军,被封为鄂国公,是凌烟阁二十四功臣之一。

尉迟敬德年少时是一个打铁匠。隋炀帝大业末年,他在高阳参军,凭借勇猛的性格,在讨伐暴乱中一战成名。公元620年,尉迟敬德接受李世民的劝降,从此跟随李世民出征。他武艺高超、英勇善战,多次在危难之中保全李世民的性命,成为李世民的左膀右臂,深得李世民的重视与信任。

据《隋唐演义》记载,有一段时间,李世民的睡眠质量不太好,经常在深夜听到卧室外有抛砖掷瓦之声和鬼魅的呼叫声,他把困扰自己的这件事告诉朝中大臣,秦琼和尉迟敬德二人说自己

第三章　文臣武将

杀敌无数，不怕鬼魅，主动揽下把守宫门的工作。神奇的是，自从这二位武将把守宫门之后，李世民再也没听到奇怪的声音。时间一长，李世民体恤他们彻夜值班的辛苦，让画师为他们画像，贴到门上替代本人值守。后来，在门上贴二位武将画像的这一行为流传到民间，他们二人就成了中国的"门神"。

尉迟敬德真的是撞柱身亡吗

尉迟敬德最后的结局真的是撞柱身亡吗？

"撞柱身亡"的说法指的是薛仁贵遭到李道宗迫害，被李世民下令赐死，尉迟敬德为了保全薛仁贵性命，三番五次地向李世民求情，但是李世民无视尉迟敬德的求情，最后直接闭门不见。尉迟敬德为了敲开大门，用自己的钢鞭往门上猛地一砸，结果门没有砸开，钢鞭却断成了几截。尉迟敬德想到曾经立下过"鞭在人在，鞭毁人亡"的誓言，为了兑现誓言，撞柱而死。

其实，撞柱身亡是小说演义中的结局。史书记载，尉迟敬德晚年沉迷修炼仙丹，一直研磨金属矿石、吞服云母矿石粉。除此之外，他演奏清商乐曲自我娱乐，不跟外人交往，这样的生活长达十六年，最后在家中去世。这就是"吃丹药而死"说法的来源。

相比撞柱身亡，现在大多数学者更认可尉迟敬德"吃丹药而死"的说法。

为什么尉迟敬德在李世民的心中排名第一

为了怀念当初一同打天下的众位功臣，唐太宗李世民专门建造了一座阁楼，供奉着二十四幅画像，此处被称为"凌烟阁"。这些被供奉的画像中有文臣有武将，尉迟敬德排在武将之首。在凌烟阁排行榜上，武将占大多数，为什么李世民要把尉迟敬德排在第一位呢？

这其中最主要的原因是尉迟敬德救过李世民的命，而且不止一次。

尉迟敬德共救过李世民三次。第一次，李世民在榆窠打猎，遇到王世充带领的敌军，敌军猛将单雄信直接朝着李世民冲过来，尉迟敬德急忙挥起武器，将单雄信刺下马，随后在侧面保护李世民冲出敌军包围圈。第二次，李世民带兵到洺水征讨刘黑闼，后被刘黑闼的军队包围，尉迟敬德带领精兵从外向内攻击，把敌阵打出缺口，李世民趁机逃出。第三次，李世民带领着自己的功臣集团，为求自保，在玄武门发动兵变，亲手射死太子李建成，尉迟敬德斩杀了李元吉。在官府众多兵将包围过来，双方即将展开一场恶战之时，尉迟敬德手持李建成、李元吉二人的脑袋向众人展示，官府兵将才溃散。因为玄武门之变，李世民获得了太子之位，由此可见尉迟敬德在李世民成为皇帝的道路上功劳极大。

经过这三次忠心救主事件，尉迟敬德在李世民心中的武将榜上排第一就不奇怪了。

为什么李世民用"妩媚"形容他

"妩媚"是用来形容女子姿态美好可爱的词语，当这个词用于形容男性时，就会让人觉得非常奇怪。唐太宗李世民为什么不用其他词语，偏偏要用"妩媚"二字来形容谏官魏徵呢？

一个敢在朝堂之上公然顶撞皇帝的大臣，让人怎么想都没办法把他和姿态美好可爱联系到一起。其实，李世民口中的"妩媚"只是在表达自己欣赏魏徵直言进谏的真实态度罢了。

魏徵在朝中做官时，曾有一次责备李世民，认为李世民做了对百姓失信的事情，然而自己每次进谏，李世民都听不进去。之后，李世民对魏徵讲话，魏徵就不再答应。李世民问他："你答应了我的话之后，再来进谏，有什么关系呢？"魏徵回答："从前舜帝警诫人们不要'面子上服从'，现在倘若臣子心里明明清楚这样不对，但是嘴里却勉强答应皇上，这就成了面子上的服从了，哪里是稷、契侍奉舜帝的初意呢？"李世民听完魏徵这番话，笑着说："人们都说魏徵疏慢，可是我越看他越觉得妩媚可爱了。"

　　李世民称魏徵"妩媚",就是从这件事之后传出来的。

没上过战场的魏徵死后却被皇帝放进凌烟阁

凌烟阁是唐朝为表彰功臣而筑建的藏有功臣画像的高阁,后以"凌烟阁二十四功臣"闻名于世。李贺曾写过"请君暂上凌烟阁,若个书生万户侯?"这虽是诗人怀才不遇时的愤懑之句,但也足见凌烟阁在唐朝人心中的地位。

魏徵在凌烟阁排行第四,他原为李密谋士,后随李密投降唐朝,还为唐朝招降了李世勣。窦建德进攻河北时,魏徵被俘虏,等窦建德被击败后又重回唐朝,为太子李建成门客。玄武门之变后,魏徵归顺李世民,因感恩李世民的知遇之恩,凡事知无不言,以直言进谏著称,深受李世民信任。

魏徵仕途坎坷、阅历丰富,因而也造就了他的经国治世之才。他对社会问题有着敏锐的洞察力,为人耿直不阿,遇事不屈不挠。虽然深得李世民的重视,但他没有恃宠而骄,更不曾利用职务之便谋取一己私利。据《贞观政要》记载,魏徵向唐太宗李世民面陈谏议五十次,呈送唐太宗李世民的奏疏十一件,一生的谏诤多达"数十余万言",次数之多、言辞之激切、态度之坚定,都是其他大臣无可比拟的。正是因为魏徵,李世民才能及时认识到自己的不足,从而做出更多明智的决定。

李世民评价魏徵:贞观之前辅佐之功以房玄龄第一,贞观之后以魏徵第一。可以说"贞观之治"的开创,魏徵功不可没,进凌烟阁实至名归!

薛仁贵当真只是贫寒子弟

薛仁贵是唐初的一位名将，曾为唐太宗、唐高宗两任皇帝效劳。在欧阳修等人编纂的《新唐书》中记载，"薛仁贵，绛州龙门人。少贫贱，以田为业"。但仔细考证后发现，薛仁贵出身并不贫贱，而且也不是以种田为业。薛仁贵其实出自名门望族——河东薛氏。河东大致在今天山西西南部的运城，如今运城当地还有大量像薛店、薛村、薛家寨、薛家营这样带"薛"字的地名。

既然出身豪门，为什么无论民间传说还是正史记载，薛仁贵早年都很贫穷呢？薛仁贵虽出身名门，但他生于隋朝末年，恰好遇上大乱。《新唐书》记载了一个细节，薛仁贵参军前，准备将先人改葬还乡。可以推测，薛仁贵的父亲可能是在战乱中去世，薛仁贵自小丧父，被族人养大。因此，他在出远门之前，要完成一件大事，即把亡父的英灵请回家乡。这或许可以解释，为什么薛仁贵出身贵族，但幼年却生活困苦。

薛仁贵是被薛氏族人带大的，而河东薛氏家学最大的特点之一，便是习武。早在南北朝的时候，有一位叫薛安都的先人，由于马上射箭功夫很出色，曾经服侍过南朝的四位皇帝。受到家族熏陶，薛仁贵的武艺也不错，尤其继承了射箭这门绝技，这才有了后面"薛仁贵打雁""三箭定天山"的故事。

第三章 文臣武将

一代名将的结局是被贬为平民吗

薛仁贵征战数十载，留下了无可比拟的不朽功勋，但却兵败大非川，致使所向披靡的虎贲军全军覆没，被皇帝一气之下贬为庶民，这究竟是怎么回事？

公元 670 年，吐蕃大举入侵西域，唐高宗李治命薛仁贵为主将，领兵五万讨伐。随行的还有两位副将，一个是阿史那社尔之子阿史那道真，另一个是郭孝恪次子郭待封。两人平日跟薛仁贵职位相当，这一次却沦为副手，心中难免愤慨。

唐军抵达青海湖南面的大非川后，薛仁贵命郭待封带领两万大军，在此安营扎寨，修筑防御工事，并留下所有粮草，自己带着轻骑突袭吐蕃乌海城。不料，薛仁贵前脚带大军刚走，后脚郭待封就带着辎重粮草跟了上去，意图抢功。谁料在半道，就碰到了二十多万去救援乌海城的吐蕃士兵。结果可想而知，唐军大败，粮草辎重被吐蕃人洗劫一空。

薛仁贵得知这个消息后，立即回兵增援，但还是迟了一步。

吐蕃趁势出动全国四十万大军"围剿"唐军。失去粮草后,唐军士气低落,根本无心应战,死伤惨重。薛仁贵无奈只好求和,唐朝被迫放弃西域部分地区。这是大唐开国以来,对外战争中败得最惨的一次,也是薛仁贵征战沙场二十余年,唯一一次战败。他因此被革职贬为平民,一代大将竟因此陷落,真是不胜唏嘘。

传说中的"三箭定天山"故事是真的吗

薛仁贵在《新唐书》《旧唐书》中均有传,他立下了无数令人神往的军事、政治功勋,比如"良策息干戈""三箭定天山""神勇收辽东""仁政高丽国""爱民象州城""脱帽退万敌"等。那么,传说中"三箭定天山"的故事是真实发生过的吗?

公元661年,一向与唐友好的回纥铁勒进犯唐朝边境。唐高宗李治任命薛仁贵为铁勒道行军副大总管,跟随主将右屯卫大将军郑仁泰一起出兵讨伐。

公元662年,双方在天山脚下相遇。待阵脚立定,铁勒部立即派几十员大将出阵前来挑战。薛仁贵应声出战,独挑几十人,连发三箭,敌人三员大将坠马而亡。见薛仁贵如此神勇,敌军一时胆怯,再无人敢出阵应战,阵脚也混乱起来。薛仁贵见状,立即指挥大军趁势掩杀。这时敌军早已心胆俱裂,哪里有什么心思应战,所以一触即溃。俗话说,兵败如山倒,十万大军顷刻之间便分崩离析,纷纷投降。薛仁贵率军乘胜追击,直到擒获首领兄弟三人，打到其再无能力起兵，彻底解除了边患。

　　薛仁贵神勇的表现，不但击败了敌人，就连唐军内部也欣喜不已。战后，军中就开始传唱："将军三箭定天山，壮士长歌入汉关。"薛仁贵"三箭定天山"，使对唐边境威胁达数十年的铁勒部在不到一个月就衰败，可以说是古代将军中唯一的一位。

狄仁杰的神探身份是真的吗

受《神探狄仁杰》系列电影、电视剧影响,提到狄仁杰,大家最先想起的是其断案如神,是个尽人皆知的侦查天才。但历史上的狄仁杰真的是个神探吗?

其实并不是,狄仁杰的真实身份相当于现在的法官。

狄仁杰起家的时候做的是并州都督府法曹,相当于地方的法官,后来做了大理丞,相当于现在最高人民法院的法官。《旧唐书》中记载,狄仁杰任大理丞一年之内,就审理了监狱中的一万七千多人,受审者没有一个喊冤上诉的。从这里就可以看出来狄仁杰为官公正,办案效率很高,而且对法律条文掌握得很熟练。

狄仁杰做官,如同老子所言"圣人无常心,以百姓之心为心"。为了拯救无辜,他敢拂逆君主之意,始终保持体恤百姓、不畏权势的本色,始终是居庙堂之高而忧其民,后人称之为"唐室砥柱"。

他在武则天统治时期曾担任国家最高司法职务，裁定积案、悬案，纠正冤假错案，处事公平，是历史上以廉洁、勤政而闻名的清官。

作为一名杰出的政治家，狄仁杰每任一职，都心系民生、政绩卓著。身居宰相之位后，他辅国安邦，对武则天弊政多次匡正，可谓推动唐朝走向繁荣的重要功臣之一。

狄仁杰曾劝武则天戒色是真的吗

狄仁杰不仅敢跟女皇叫板,还能全身而退,地位不降反升。

狄仁杰生于贵族世家,其高祖狄湛曾为北魏略阳公。他自幼聪慧过人,五岁能诵《孝经》,十岁通《尔雅》,读书过目不忘。狄仁杰虽出身名门,却从未因此骄矜。他勤奋学习、刻苦钻研,既通晓典籍,又明理通达。长大后,他更以优异成绩通过科举,步入仕途。任职期间,他勤政爱民,刑狱无冤情,办案秉公,深得民心。

公元705年,武则天重用狄仁杰。然而,此时"控鹤监"的男宠们已经权倾朝野。狄仁杰目睹此景,声色俱厉地面圣直谏:"控鹤监权倾朝野,陛下御驾亲政,岂可纵容奸佞当道?臣不才,冒昧请陛下珍重龙体,远离名利诱惑,早点收敛私欲,以免祸乱将至!"

语毕,狄仁杰长叹一声,跪地请罪。他知道,自己今日之言可能招祸临身,甚至永无翻身之日。然而为了国家百姓,他必须发声。不过,武则天并未发火,沉思片刻后,微微一笑:"尔直言虽苦,却来自真心,朕当以德报怨。尔言无不尽,朕自当反躬。"

此事过后,武则天对狄仁杰愈发信任,授权更甚,而狄仁杰亦尽心尽力报答武则天的知遇之恩,为其殚精竭虑,朝夕勤勉。在他的辅助下,武则天推行仁政,百姓安居乐业,边境无战事。

一句话劝谏武则天将皇位归还李唐

狄仁杰为人正直、疾恶如仇，任宰相期间，上承贞观，下启开元，对武则天的安邦辅国做出了非常大的贡献。

不过，做武则天的宰相可不是一件美差。据统计，武则天在位期间共杀了十四位宰相，还"心慈"地流放了九位，堪称"宰相杀手"。

但是，武则天格外信任狄仁杰。她非常敬佩狄仁杰的办案能力以及他宽广豁达的胸怀，在处理政事时常常听取狄仁杰的意见。

武则天晚年，一直犹豫皇位到底是交给李姓的后人还是武姓的后人继承，于是她向狄仁杰征求意见。狄仁杰说："天下人都怀念太宗和高宗的仁德，陛下如果把皇位传给外族人，乃是违背天意。而且，姑侄怎么会比母子更亲近？立武承嗣的话，新皇必定会把自己的父母供奉到宗庙之中，过不了两代，就不会有人记得您了！"

武则天听了狄仁杰的话,这才下定了决心。如果她将皇位传给武家,想必李家会反,李家追随者众多,天下必会大乱。若武家真正掌权,也一定会对李氏后人大开杀戮,武则天的子孙都要跟着一起死。况且武则天是武家外嫁的,武家人若真的称帝,武家的太庙一定不会供奉她。

正是狄仁杰的这番话才让武则天决定将大唐归还于李家。

狄仁杰的真正死因大揭秘

历史上狄仁杰是病死的，死时已有七十岁，他在当时算是长寿的。

狄仁杰是个了不起的人才。公元696年，狄仁杰立下大功后，武则天曾亲笔在他身着的紫袍上写了"敷政术，守清勤，升显位，励相臣"十二个金字，以示表彰。这一表彰内容收录在《全唐诗》中，名为"制袍字赐狄仁杰"。前两句概括了狄仁杰的功绩，说他辅佐朝廷，志守清廉而勤政，后两句是要求身居高位的狄仁杰率领朝中大臣，一同治理好国家。寥寥数语，既高度肯定了狄仁杰的勤勉施政，又对狄仁杰寄予厚望。

公元700年，狄仁杰病故，朝野凄恸，武则天哭泣着说"朝堂空也"，并且停止朝政三天。同时，追赠狄仁杰为文昌右相，赐谥号"文惠"。唐中宗继位，追赠狄仁杰为司空。唐睿宗又封之为梁国公。至公元747年，狄仁杰与张柬之、魏元忠等八人一同配享太庙，附祭于中宗庙廷。甚至在他去世二百四十多年后，狄仁杰又被后晋朝廷追封为太师。狄仁杰的一生，可以说是宦海浮沉。他为人正直、不畏权势、疾恶如仇、坚持原则；他为官清廉、刚正不阿、体恤百姓，以孝、忠、廉为大义，深受同僚和百姓爱戴。

张九龄因何被称为"岭南第一人"

张九龄是中国历史上第一位出身岭南地区的宰相,开岭南从政之先河。

公元733年,张九龄拜相,由此中国历史上第一位"岭南宰相"诞生了。在张九龄这位"曲江公"的"曲江风度"的强力影响下,岭南地区的文人举子们备受荫泽。

张九龄还开凿了"古代版的京广线",开岭南交通之先。"要想富,先修路",这个道理张九龄早在一千多年前就知道了。

从长安前往岭南,必须要经过大庾岭梅关道,梅关道有"人苦峻极"之称,交通极为不便。当时张九龄虽未拜相,但已深得唐玄宗信任,于是他直接上书唐玄宗,请求开辟大庾岭"梅关古道"。唐朝海上丝绸之路已经得到较大程度的开发,岭南地区因为海贸经济而日渐繁荣,所以改善南北交通,是一项利国利民的大工程。唐玄宗深思熟虑后,同意了张九龄所请,并任命张九龄为工程总管。张九龄欣然领命,不辞辛苦,与工匠一起披荆斩棘,开凿道路，最终"梅关古道"修成。

张九龄还是岭南文学的开山鼻祖，开岭南文化之先，是当之无愧的"岭南第一人"！

张九龄为何被称为一代贤相

张九龄耿直温雅,风仪甚整,时人誉为"曲江风度"。即使他罢相后,有人向唐玄宗举荐人才,唐玄宗仍张口就问:"其人风度得如九龄否?"可见其风姿。

张九龄以科举入仕,宦游三十余载,职位自秘书省校书郎至中书令,几经沉浮。从政期间,他为朝廷选拔了不少人才,孟浩然、王维、李泌、卢象等一批能诗善文、出类拔萃的人物,都曾得到他的奖掖。他忠耿尽职、直言敢谏,选贤任能,不徇私枉法、不趋炎附势,敢与恶势力做斗争,为"开元盛世"做出了积极的贡献。

比如,唐玄宗的宠妃武惠妃,欲谋废太子李瑛而立己子时,命宫中官奴游说张九龄。张九龄据理力争,平息了宫廷内乱,稳定了政局。

再比如,张九龄早就看出安禄山的狼子野心,本想借安禄山在边境打败仗的机会处置他,可安禄山花钱疏通了关系,又得到唐玄宗的喜爱，最后还是被赦免了。然而之后的历史证明，张九龄的预判是正确的。

当时唐朝虽处在全盛时期，但又隐伏着种种社会危机。张九龄针对社会弊端，提出以"王道"替代"霸道"的从政之道，强调保民育人，反对穷兵黩武；主张省刑罚、薄征徭、扶持农桑；坚持革新吏治、选贤择能，以德才兼备之士任地方官吏。他的施政方针缓解了社会矛盾，对巩固朝廷中央集权、维护"开元盛世"起了重要的作用，因而被后世誉为"开元之世清贞任宰相"的三杰之一。

张九龄竟被自己研发的凉茶治愈了

张九龄世称"张曲江"或"文献公",唐朝开元年间名相。为人守正嫉邪、刚直敢言,是安史之乱前最后一位公忠体国、举足轻重的唐室大臣。他自幼文采过人,具有超凡天赋,留下不少奇闻逸事。

公元716年，张九龄由长安称病南归，返故里孝养母亲。相传，张九龄返故里不久便身患瘴疠，于是自己研发了一款凉茶，将金银花、淡竹叶、罗汉果、甘草等药用植物熬制成汤服用。令人称奇的是，每天喝两碗凉茶，张九龄的病竟然慢慢好转了起来。"张九龄凉茶"也得以传世。

古方记载："张九龄凉茶"具有泻火解毒、凉血利咽的功效，适用于口舌生疮、咽喉肿痛、心烦等症状，被后人称为"中国最具历史文化底蕴的凉茶"。

《长安十二时辰》里的李必究竟是何方神圣

2019年，网剧《长安十二时辰》热播，剧中主角之一李必一出场，便自报家门："我姓李，但我的李不是唐李，乃是前朝隋李。吾六世高门望族，七岁与张九龄称友，九岁与太子交，何监是吾师，王宗汜将军是吾友，亦随叶法善师修道法近十年，圣人常召我共辩道法真意。"短短几句话，就让人了解到这位李必出身何其高贵，其关系网又是何其强大！从身世到姓名，剧中人物李必的原型可精确定位——唐朝名相李泌。这位真实历史人物确实出身高贵，他先后被唐玄宗、唐肃宗、唐代宗、唐德宗四代帝王赏识并重用，官至宰相，后被追赠太子太傅。

《长安十二时辰》里的李必心怀天下，看似清高孤傲，实则有血有肉，心向太子、对国家忠心耿耿，处事果断、行事雷厉、遇事不怯，是一个敢于担当的角色。在真正的历史中，其原型李泌的一生更是传奇。他是少年奇才、太子之友，长大后又帮助已成为皇帝的太子平定安史之乱，这也与剧中人物的经历相契合。

之后，他又得到继任帝王的重用，多次力挽狂澜，维护了唐朝的稳定。

　　李泌文能做翰林学士，教太子读书；武能献计剿贼，讨伐叛乱，可谓是全才。李泌的一生，起起伏伏历经四朝，在激烈的政治斗争中能够保全自身，可谓出世入世，潇洒自如。李泌七岁时便能做文章，"尤工于诗"，在学术上也很有造诣。他对《周易》《老子》颇有研究，唐玄宗曾召他进宫讲授《老子》。晚年他又参与编修国史，可谓博学经史、才华横溢，称得上是唐朝的一代奇相。

拒为帝王相，誓当王者友

李泌自幼聪颖，七岁能文，素有"神童"美誉，深得唐玄宗赏识。李泌长大后唐玄宗就把他安排在太子李亨身边做事。

安史之乱爆发后，唐玄宗仓皇出走，太子李亨继位，是为唐肃宗。唐肃宗派人找来李泌商讨局势，李泌尽心尽力为唐肃宗建言献策，制定了平定安史之乱的策略，使唐肃宗成功收复两京，得到唐肃宗的宠遇。李泌配合协调了唐玄宗与唐肃宗的父子关系，使唐玄宗安心当"太上皇"，避免了父子权力交接可能引起的动乱。他还协助唐肃宗选定太子，解决了储君问题，保证了政权的统一。

唐肃宗去世后，继位的唐代宗又对李泌委以重用。李泌对军国大事的建议，唐代宗必定采纳照办。然而，李泌一生崇尚无为的老庄之道，视功名富贵如敝屣，所以他在唐肃宗和唐代宗两朝多次坚决拒绝宰相之位，并且远离朝堂，长年隐居。

唐代宗去世后，唐德宗继位。当时外有吐蕃虎视眈眈，内有藩镇割据，唐朝已然陷入内忧外患中，唐德宗恳请李泌再度出山，请他参谋军国大政。自此，李泌出任中书侍郎、同中书门下平章事，正式拜相。他平定了内部叛乱，解决了外部吐蕃的威胁，参与内政外交。对内，他修军政、调和将相；对外，他结回纥、大食等国遏制吐蕃，达成"贞元之盟"，使边陲安定，在一定程度上保证了唐朝的稳定。公元789年，李泌病逝，追赠太子太傅。

纵观李泌的一生，历经四朝，辅佐三代君王，参与宫室大计，辅翼朝廷、运筹帷幄，多次力挽狂澜。他既实现了自己的政治抱负，又巩固了唐朝的政权，可以称得上是"救时宰相。"

我国历史上最早的书院竟为李泌而建

邺侯书院是我国历史上最早的书院之一,它是唐朝官员李繁任随州刺史时,为纪念父亲李泌在南岳隐居而修建的。因李泌被封为邺侯,所以书院命名为邺侯书院。

李泌为何隐居南岳?这得从他和唐肃宗的关系说起。李泌自幼聪颖,得到唐玄宗的赏识,唐玄宗令其担任太子李亨的属官。

安史之乱爆发后,李亨在灵武即位为唐肃宗。李泌前往谒见,陈述国家成败的关键所在,并提出了平息叛乱的策略。他功勋卓著,得到唐肃宗的信任,但也招致了其他大臣的嫉恨。因此,在解决了安史之乱后,李泌为了避免陷入官场名利之争,决意急流勇退,退隐南岳衡山。

唐肃宗同意后,赐李泌三品俸禄及隐士服,还为他建造隐居的房子。李泌在衡山除了研究神仙道术外,还好读书。他的隐居之处叫"端居室",号称藏书三万卷。著名诗人韩愈有诗写道:"邺侯家多书,插架三万轴"后李泌被唐德宗召回,官至宰相,封邺县侯。

因李泌一生清廉，如今的邺侯书院还是南岳衡山风景名胜区内的廉政文化基地之一，吸引着众多游客慕名而来。

"吃醋"一词竟和房玄龄夫妇有关

相传有一天,唐太宗李世民和大臣们议事,议事之后,时间有点晚了。朝会之后,别的大臣纷纷离开了,唯独房玄龄还跟在皇帝身后,扭扭捏捏地不愿意离开,似乎想向皇帝报告什么事,又不好意思开口。李世民就问:"爱卿,你为什么还不走?"结果,房玄龄支支吾吾,说出了缘由:"我这么晚回去,我老婆肯定要问我去哪儿了,我就怕被我老婆收拾。您最好给我下道旨意,说明我为什么这么晚才回去。"李世民听说后,哈哈大笑,就派自己的贴身太监跟着房玄龄回到府内,口传圣旨,说房玄龄确实是在殿上议事。

还有一次,李世民调侃房玄龄,准备赏他几个美女,让他带回家。结果,房玄龄马上跪地叩头,还说:"微臣绝对不敢把这几个美女带回家,我老婆肯定发火。"于是,李世民就派人把他老婆召进宫,问她:"你是想不嫉妒生呢,还是想嫉妒死呢?"结果房玄龄的老婆卢氏,当时不假思索,马上回答:"妾愿嫉妒而死。"为此,李世民感叹:"哎,太烈性的女子!那朕,现在就从了你。"说完这句话,李世民就让身边的内侍递给卢氏一杯"毒酒"。当时卢氏没有丝毫犹豫,一饮而尽。结果,卢氏把这个所谓的"毒酒"喝到嘴里,才知道那根本就不是什么毒酒,就是醋,当时酸得卢氏咧嘴龇牙。李世民见此情状,也是哈哈大笑:"你这样的女子,连我都害怕,何况是房玄龄呢。"从此之后,"吃醋"这个典故就广为流传了。现在一说女子嫉妒就说"吃醋"。

李世民最不可缺的人是房玄龄吗

说起唐朝的宰相，最为著名的要数唐太宗李世民手下的两位得力干将——房玄龄与杜如晦。《旧唐书》中记载，房玄龄擅长为唐太宗出主意，进行谋划；而杜如晦则擅长为唐太宗的选择做出决断。唐太宗又特别会用人，经常让两人通力合作，先由房玄龄提出建议，再由杜如晦最终确定方向。这两个人相互配合，同心同德，因此历史上就有了"房谋杜断"的美誉，成为一时美谈。

房玄龄和杜如晦，这两个人都出身于世家望族，都是善识能文，博览经史。隋朝末年，天下大乱。公元617年，李渊父子在晋阳起兵，而后攻入长安。在此期间，房玄龄和杜如晦两个人先后被李世民招至秦王府内。当时杜如晦进入秦王府，还是房玄龄推荐的。

公元618年，秦王府人才济济，升官的人特别多，离开的人也不少。房玄龄作为秦王李世民身边的参议，向李世民建议："我们秦王府的幕僚,现在升官的人挺多,离开的人也挺多,但这些事并不值得惋惜。我向您建议,杜如晦这个人非常能干,非常有见识,绝对是辅佐帝王的上佳人选。如果您以后要统领四海,这个人一定要留下。"之后,杜如晦和房玄龄便一直没有离开李世民的左右。当时,房玄龄管理文书、文件、军书、奏章等;而杜如晦则专门负责参赞军务。这两个人绝对是运筹帷幄,决胜千里。

公元626年,正是在房玄龄和杜如晦的周密筹划之下,李世民成功发动玄武门之变登基称帝。李世民当了皇帝之后,大赏功臣房玄龄和杜如晦。这两个人齐心协力,共同辅佐朝政,在历史上留下了一段美谈。

以一介书生建功立业入选"凌烟阁"

唐高祖李渊建立唐王朝之后,就把他的长子李建成立为太子,次子李世民立为秦王。李世民这个人战功显赫,李渊特别给他加个封号,叫"天策上将"。当时的李世民开设天策府,可以自任官吏,实际上就是一个相对独立、权势非常大的亲王。

房玄龄很早就有辅佐李世民成为天下雄主的想法,于是他就建议李世民应该"遵周公之事,外宁华夏,内安宗社"。什么意思呢?就是希望李世民效仿从前的周公,把管叔、蔡叔除掉,也就是把李建成和李元吉除掉。

经过一系列详细的谋划,李世民发动了中国历史上赫赫有名的玄武门之变。事变发生之后,李建成、李元吉被李世民杀掉。当年八月,唐高祖李渊禅位给李世民,自己当上了太上皇。李世民登上了皇帝之位,就是唐太宗。

唐太宗继位之后,大赏功臣。当时,唐太宗认为房玄龄、杜如晦、长孙无忌、尉迟敬德还有侯君集应该论功第一。房玄龄,封爵梁国公。由此一来,他的画像就和初唐其他二十三位开国功臣一起被供奉在凌烟阁中。唐太宗曾说,房玄龄这个人筹谋帷幄,有定社稷之功,比得上汉朝的萧何。由此,房玄龄以一介书生建功立业,他的画像得以进入了大名鼎鼎的凌烟阁。

被李世民倚重的一代贤相到底有多强

房玄龄,原名房乔,字玄龄,是齐州临淄人,也就是今天山东省淄博人。唐朝贞观年间著名的宰相。他运筹帷幄,深谋远虑,与同时代的名臣杜如晦共同辅佐唐太宗李世民,被誉为"房谋杜断"。作为唐太宗的股肱之臣,房玄龄为唐太宗缔造的盛世做出了非常重要的贡献。房玄龄成为中国古代名臣名相的典范。

房玄龄,他出生在一个文化氛围非常浓厚的官吏世家。他的曾祖做过镇远将军,他的父亲曾经当过县令,通涉经史,文学造诣非常深厚。房玄龄自幼受到家庭的熏陶,博览经史,工于书法,擅长写文章。

隋朝末年,天下大乱。当时,房玄龄投靠了秦王李世民,跟随秦王不断地出征,替他谋划。为了报答李世民对自己的知遇之恩,房玄龄知无不言,言无不尽。特别是在玄武门之变中,他发挥了非常重要的作用,帮助李世民最终登上皇位。

李世民当了皇帝之后,房玄龄广开言路,尽心尽力辅佐他治理国家,还修成了《贞观礼》《贞观律》和《贞观格》,这些都是关系到唐朝的根本。房玄龄对贞观年间的制度建设,发挥了非常巨大的推动作用。

房玄龄的一生,为大唐鞠躬尽瘁,死而后已。他在政治、法律、经济等领域皆有建树,为大唐做出了巨大的贡献。他正是以他自己一生的功业,完美诠释了中国古代贤相的典型,是唐朝匡扶社稷的大功臣。

长孙无忌辅佐太宗打造贞观之治

一提到唐太宗李世民，肯定绕不开的话题就是"玄武门之变"。这是一场深刻改变唐朝历史走向的惊天巨变。而李世民之所以能够实现绝地反击、逆风翻盘，和他身边的团队有很大关系，长孙无忌就是团队中重要的一员。

公元 617 年，驻守晋阳的唐国公李渊正式打出旗号，起兵反隋的时候，华夏大地就像摔在地上的拼图一样，那真真是碎了一地，到处都是称王称霸的野心家。李世民的横空出世，让一切都变得简单了。他在短时间内就扫灭群雄，统一了全国。这整个过程，长孙无忌都是亲眼见证、亲身参与的。

政权稳固后，李世民严重威胁到太子李建成的地位。李建成联合齐王李元吉，对李世民全力打压。这让以长孙无忌为首的天策府团队非常担心。对长孙无忌来说，李世民不只是自己的老板，更是自己的小舅子。如果李世民能更进一步，自己的妹妹就成了皇后，自己的外甥就有可能是下任皇帝，自己那就是纯正的皇亲国戚了。

长孙无忌和房玄龄、杜如晦等人，多次提议李世民先下手为强，但李世民都没有下定决心。公元626年，李建成逼走了房、杜二人，还试图染指禁军，并对李世民下手。长孙无忌再次恳请李世民动手，李世民这才下定决心，派长孙无忌把房玄龄、杜如晦秘密找回来，共同谋划反击之策。

这年李世民率长孙无忌等人，发动了玄武门之变，诛杀李建成、李元吉，控制皇帝李渊。两个月后，李世民即位为帝，封妻子长孙氏为皇后，长孙无忌也被任命为宰相，辅佐李世民，开创了贞观之治。贞观十七年，也就是公元643年，李世民将二十四位功臣的画像挂入凌烟阁，长孙无忌位列第一。

长孙无忌为何死在外甥皇帝手里

俗话说"亲娘舅,娘舅亲",舅舅通常是最疼外甥的。对于唐高宗李治来说,舅舅长孙无忌就是最疼自己的那个人,尤其是他从一个普通皇子到立为太子,再到登基为帝的过程中,舅舅长孙无忌可以说是劳苦功高。但是在现实的权力争夺面前,无论是亲情还是恩情,都显得那么微不足道。

公元 649 年,李世民病逝,太子李治在长孙无忌等人的拥立下即位,史称唐高宗。长孙无忌拜太尉,同中书门下三品,主持朝政。当时长孙无忌辅政,唐高宗对他可谓是言听计从,有人诬告长孙无忌谋反,他二话不说就把诬告者给杀了,连一丝犹豫都没有。

但随着一个女人的出现,君臣之间开始出现了裂痕,这个女人就是武则天。准确来说,武则天既是唐高宗李治的爱人,也是他的合伙人,夫妻俩联合起来就是想干一件事,那就是让李治真正说了算。

公元 654 年，李治要废掉王皇后，改立武则天为皇后。为此他特意带着武则天来到舅舅长孙无忌家里做客，又是送礼物，又是给好处，赔笑脸说好话，希望长孙无忌能点头同意。但长孙无忌却让皇帝吃了个软钉子。一年后，李治旧事重提，长孙无忌虽没有直接反对，但却明里暗里地支持反对者。李治后来虽然强行改立武则天为后，但两口子和长孙无忌之间却结下了梁子。

公元 659 年，又有人举报长孙无忌谋反，这次李治下令调查。最后，长孙无忌被免官去职，剥夺爵位和财产，流放黔州，他的家人被流放岭南。长孙无忌到了流放地后没多久，就被朝廷派的人给逼死了。

所以说，舅舅虽然亲，但在唐高宗李治看来，还是自己的媳妇和手中的权力更亲。

为了拥立李治，长孙无忌都付出了哪些努力

唐太宗李世民是中国古代著名的明君，开创了贞观之治。但他无论取得再大的成就，也无法抹去自己玄武门之变上台的黑历史。而这场政变，虽然造就了一位千古明君，却也给大唐开了一个非常坏的先例，那就是皇位的传承异常动荡。

唐太宗的皇后长孙氏，为丈夫生下了三子四女。三个儿子，分别是太子李承乾、魏王李泰和晋王李治。太子李承乾，你听这个名字——"承载乾坤"，这字面意义上就是接班人。作为皇帝的嫡长子，李承乾从小就被寄予厚望，李世民对这个儿子疼爱有加，悉心教导，别提多重视。李世民对嫡次子魏王李泰也很疼爱，这让李泰就有了点别的想法。尤其是太子后来残疾了，走路都费劲，他就觉得自己有机会搏一把。毕竟老爹当年不也是二儿子出身，最后还是坐上了皇位。既然如此，我又为什么不可以呢？

李泰的咄咄逼人，让本就心理失衡的李承乾更加癫狂。他先谋杀弟弟李泰，然后竟然联合汉王李元昌等人图谋不轨。但他忘

了，自己老爹是搞政变的高手，又怎么可能会被别人偷了家。李承乾的密谋很快暴露，长孙无忌等人参与了案件的审理，李承乾最终被流放。而李泰也没能笑到最后。李世民为了让自己三个嫡子都能活下去，选择立性格最软弱的李治为太子，以防他们兄弟相残。这其中长孙无忌说了不少李治的好话。但就算立了李治为太子，李世民还是不太满意，就对长孙无忌说，想改立英武果断的吴王李恪为太子。李恪是李世民的第三子，母亲为隋炀帝之女杨妃。对此，长孙无忌极力反对，力劝皇帝打消了这个念头，成功保住了李治的太子之位。

不仅如此，后来长孙无忌还把吴王李恪牵扯进房遗爱谋反案中，把李恪给害死了。公元649年，唐太宗去世，太子李治即位，是为唐高宗。可以说，李治能当上皇帝，舅舅长孙无忌是出了大力气的。

是君臣，是亲人，更是战友

朋友是一种双向奔赴的关系。所谓"同门曰朋，同志曰友"，长孙无忌和李世民，就是这样的关系。长孙无忌和李世民从小就认识，两人都是才华出众的青年才俊，家世背景也旗鼓相当，自然能同频共振。更何况后来李世民娶了长孙无忌的妹妹，成了他的妹夫，还有什么比好朋友成了一家人更让人快乐的事情吗？还真有，那就是好朋友、一家人为了同一个事业共同奋斗。

公元617年，李世民的老爹李渊起兵反隋后，攻入关中，建立唐朝。长孙无忌第一时间加入，此后长孙无忌就成了秦王李世民的幕僚，跟着李世民东征西讨。李世民身边有一个核心团队，叫天策府，里面个个都是人才，说话又好听。长孙无忌本身就智谋出众，博学多才，再加上他是李世民的大舅哥，所以他就是整个天策府中李世民最信任的人。

长孙无忌和李世民，称得上是一荣俱荣、一损俱损的深度绑定关系。当李世民和太子李建成、齐王李元吉的矛盾日益尖锐，长孙无忌自然是最着急的那个。也正是在他的劝说之下，李世民才最终下定决心，发动了玄武门之变。之后李世民当上了皇帝，长孙无忌既是功臣又是国戚，成了朝中的头号重臣，还是那种和皇帝私人感情特好，好到可以进出皇帝卧室的程度。

当时，有人秘密给李世民打报告，说长孙无忌权力太大，需要防范。李世民的第一反应，是把举报信拿给长孙无忌看，并且当众表示，自己和长孙无忌的关系是没人能挑拨的。长孙无忌也用全部的忠诚和才能回报李世民，提出了很多中肯的建议。

后来李世民病重，他把长孙无忌召唤到身边，用手抚摸着老朋友的脸颊，对身边的人说："长孙无忌对我忠心不二，所以我才能走到今天。我死以后，你们一定要保护好他呀。"说完不久，李世民就去世了。失去了领导、家人和朋友的长孙无忌悲痛欲绝，痛哭不止。但不知道是不是一语成谶，公元 659 年，长孙无忌被逼自杀。十几年后，他才获得平反，陪葬于李世民的昭陵，这对儿君臣亲友也终于在地下重逢。

第四章

能人雅士

"愤青"骆宾王是如何养成的

骆宾王是七岁时以《咏鹅》而出名的神童,被称为"初唐四杰"之一,但他后来却走上了反叛朝廷的道路,最后不知所终,他到底经历了什么?

骆宾王是寒门出身,自幼便有文采,七岁时所作《咏鹅》广为传唱,号称神童。其父为县令,可惜早逝,因此早年的骆宾王生活贫苦。唐高宗时期,骆宾王曾入道王李元庆幕府充当幕僚。之后,骆宾王入朝当官,随军赴西域、巴蜀戍卫。在巴蜀期间,官军平叛巴蜀的檄文多出自骆宾王之手。

公元678年,骆宾王再度入朝担任侍御史,因上书讥讽武后摄政而获罪入狱,此后被贬为临海县丞。武后临朝称制,骆宾王弃官作《咏怀》一首表明心志,其中"宝剑思存楚,金锤许报韩"一句,十分激进。引用的"宝剑存楚"和"金锤报韩"两则典故,都隐藏着强烈的暴力倾向,可见骆宾王对武后专权的愤怒和对李唐皇室的怀念。

公元 684 年，李唐旧臣、英国公李勣的孙子李敬业在扬州起兵反武。当时骆宾王被征辟为李敬业幕府幕僚，负责掌管文书纪要，撰写了《讨武曌檄》。此文历数武则天之累累罪行，虽然这些罪行有真有假，但在骆宾王妙笔之下，有如贯珠。文章点明武后乃亡国的祸根，因此必须要伐武。然后，再突出强调李敬业的家族身世和责任，以证李敬业起兵的正义性，一句"请看今日之域中，竟是谁家之天下"更是气贯长虹，读之让人荡气回肠。但李敬业的起事很快就被镇压，李敬业兵败身死，骆宾王不知所终。

如何评价骆宾王的"千古一骂"

公元 684 年,武后废唐中宗李显,临朝称制,李唐江山岌岌可危,李唐旧臣李敬业起兵于扬州,骆宾王作为李敬业幕府幕僚,随即起草了《讨武曌檄》,此文章堪称"千古第一骂文"。

《讨武曌檄》全文五百多字,共三段,骈文写成,合辙押韵,朗朗上口。

第一段从武则天性格和道德入手,抨击武则天阴险狡诈,通过狐媚手段崛起;崛起后,在外朝勾结奸小、残害忠良;对内杀姐杀兄、杀君杀母、无恶不作,得以篡权。在这一段中,他先声夺人,通过对武则天人品的痛斥,博得天下对反武的认同。

第二段,确立李敬业起兵的正义性。李敬业家族本为徐姓,其祖父乃唐初大名鼎鼎的徐世勣,字懋功,因战功赏赐李姓。作为忠良名将之后,李敬业起兵乃匡扶李唐社稷。尤其是骆宾王用夸张的手法说李敬业的大军,军阵严谨,士兵皆为虎贲,所谓"班声动而北风起,剑气冲而南斗平。喑呜则山岳崩颓,叱咤则风云变色",加强了反武势力的信心。

最后一段,诱降敌方,并许诺报酬,即"凡诸爵赏,同指山河",如果三心二意则"必贻后至之诛"。全文以"请看今日之域中,竟是谁家之天下"结尾,最为荡气回肠,读之让人内心澎湃。

武则天读到这份痛骂自己的文章后,也深深为骆宾王的才气所折服,感叹"宰相安得失此人"。她认为让如此人才流失,是宰相的过错,完全忘记了这篇文章是骂自己的。让被骂者沉浸文章之中,可见骆宾王的才情和本事。

杜甫是李白的"头号迷弟"

李白、杜甫和高適一起出去游历山河,这件事有没有?有,这事发生在公元744年。当时,杜甫要比李白、高適年轻,他人生的一件大事是见到了自己心中的偶像,也就是李白。那时高適也在场,三人相约同游天下。

当然,这里边名气最大的,应该是李白和杜甫。只不过那时的杜甫,对李白完全是仰视。杜甫终其一生,诗名都没有李白那么显赫。他是在几十年以后,诗作得到了元稹的欣赏,元稹大力宣扬杜甫的诗,这才让杜甫名声大噪,但那时杜甫早已经去世了。所以,三人同游,杜甫是以一种仰视的姿态看待李、高二人的。

在电影《长安三万里》中的杜甫特别活泼好动,话也多,动作也多。可能有人说,这不对啊,这跟我心目中那个带有天然忧郁气质的、忧国忧民的杜甫不一样。其实,电影还真有研究青少年时代的杜甫。为什么呢?在父亲没有去世的时候,杜甫的家境还是不错的。少年杜甫,活泼好动,甚至可以说非常淘气。在《百忧集行》中,他曾说自己年少时"一日上树能千回"。好家伙,一天爬树一千回!当然这只是夸张的说法。但可见那个时候的杜甫,真的跟动画片里的一样很活泼,没有历尽沧桑呢。

李白是个富二代

李白有时候挺穷，有时似乎又挺有钱。他的一生在钱这个问题上，好像不太困难，这与他的好朋友杜甫形成了强烈对比。

李白日子过得舒坦和他可能是商人家庭出身有关。他幼时随父亲迁居绵州昌隆（今四川江油），二十多岁的时候就自己出川了。他来到了湖北，在那里娶了前任宰相许圉师的孙女为妻，之后，开始了自己的游历生涯。李白刚开始出去的时候是比较有钱的。他曾经自述，说他刚刚出川的时候，接济朋友一出手就是三十万钱。这还只是接济朋友，你可以想象李白当时是多有钱。

他为什么那么有钱呢？可能因为他的父亲是商人。首先，他的父亲叫李客，据说这个名字是迁居巴蜀后，自己起的。一个"客"字，就表明了自己的身份，是一种自谦，即我是客居子弟，不是当地土著。在这种情况之下，商人是最有可能的。所以，说李白有钱，出趟门给他那么多钱，也就好比一个阔少出门上趟街，钱包里带着二三百万的零花钱罢了。

李白是一个剑术高超的侠客吗

剑侠这个问题，李白的确在很多诗文中多次提到过，他自己练剑，声称自己武艺高超。这种自我表述，是真是假？

李白，练剑没问题。他不仅在四川老家练，甚至还跑到山东泰山去拜师学艺，学剑法。但是究竟剑法练得如何，这个就不太清楚了。《李翰林集序》里说他"少任侠，手刃数人"，他在《侠客行》里面说，"十步杀一人，千里不留行。事了拂衣去，深藏身与名"。问题就在于如何看待这两段描述。首先，《李翰林集序》里说"少任侠，手刃数人"，基本可以肯定，这个表述是出自李白自己之口。因为《李翰林集序》是谁写的？是李白的忠实粉丝魏颢写的。魏颢非常崇拜李白，还给李白出了个文集。在序言中，他多次提到李白少年时期的这个事迹，其中就有"少任侠，手刃数人"。李白《侠客行》中有"十步杀一人，千里不留行"，好多人崇拜这个，有侠气，又有洒脱。但诗人写诗经常引用典故，说的不是他自己的事情。比如这句就是引用《庄子·说剑》中"臣之剑，十步一人，千里不留行"。李白不过是引用典故罢了。

还有一个侧面的证据向我们表明，李白的武艺恐怕也不是那么高超。为啥？他在长安曾经被围攻，那时还得靠他的朋友赶过来帮忙，才使他脱困。从这点上来看，恐怕李白的武艺也不是他自己声称的那么高超。李白是爱剑术，爱练剑，但恐怕也只是他的个人爱好，远远达不到专业剑客的水准。

寻仙三人组的蓬头岁月

盛唐时期的诗人相比初唐,更具有一种积极进取的精神,这种精神多表现为对功名的看重,但他们并非追求一己私欲,而是以尧舜禹自期,比之于管仲乐毅,政治理想极为崇高。"狂"是盛唐诗人的鲜明写照。李白狂,他说"仰天大笑出门去,我辈岂是蓬蒿人";杜甫狂,他说"甫昔少年日,早充观国宾";高适也狂,他说"举头望君门,屈指取公卿"。一位诗仙,一位诗圣,一位边塞大诗人,三个人的"狂"让他们走到了一起,但由于政治理念不同,三个"狂人"又分道扬镳。

李白、杜甫和高适,这三个人身上有许多相同点,除了"狂"以外,心怀远大理想但仕途又不如意,是他们能够走到一起的重要原因。高适和杜甫相识得比较早,大概初识于公元739年,这一年,杜甫考进士不第,高适求制举不中,双双名落孙山,可谓难兄难弟,汶山相遇,自然是一见如故,两人整日饮酒作诗。李白出名较早,诗篇名满天下,更有"谪仙人"的称号,但也郁郁不得志。公元 742 年，唐玄宗下诏让李白进京，李白原以为实现抱负的机会来了，与家人大笑诀别，说着"我辈岂是蓬蒿人"，结果不到两年，就被唐玄宗赐金赶走了。

公元 744 年，李白不得已离开京城，从长安前往洛阳，其间他答应了跟崇拜自己多年的杜甫见一面，并决定与其同游梁宋，途中高适加入，这样"寻仙三人组"正式结成。高适、李白、杜甫三人从夏天到秋天，整天采仙草、炼仙丹，蓬头垢面，最终杜甫坚持不住了，大倒苦水说"秋来相顾尚飘蓬，未就丹砂愧葛洪"，退出了"寻仙三人组"，后来高适也退出了，只留下了李白一人。

安史之乱后，由于政治理念不同，高适做了淮南节度使，一时春风满面，而李白居然上了永王李璘的"贼船"，最终落得个"从逆"的罪名，在向高适求救无果后，高、李二人分道扬镳。杜甫依然过着漂泊不定的生活，受高适等人的救助，日子还算平稳。可杜甫没有意识到他与高适的地位差别，对高适时而批评，时而感激，两人的友谊虽有善始而未善终。从前的"寻仙三人组"，也最终走到了尽头。

高适和他的两任伯乐皇帝

高适从小便有远大的抱负,可事与愿违,高适的政治生涯十分坎坷,五十岁以前几乎毫无建树。直到安史之乱后,短短几年时间,他就升任节度使,而推动这一进程的,是唐玄宗和唐肃宗两任皇帝对高适的赏识。

安史之乱后,唐玄宗在冤杀封常清、高仙芝,自断左膀右臂后,又听信佞言,催促哥舒翰贸然出战,结果使最后的关隘——潼关失陷,随即长安失守,唐玄宗自己也狼狈出逃。所谓兵败如山倒,将领士卒纷纷逃命,哪里还顾得上皇帝。就在这混乱时刻,高适风尘仆仆地赶上了唐玄宗,向唐玄宗痛陈兵败的原因,并建议皇帝西迁蜀中。高适认为,西迁蜀中并不是什么耻辱,而是一种策略,凭借南阳诸将领的兵权,完全有机会反攻。高适赶来勤王的举动让唐玄宗大为感动,其策略也被采纳,他也因此被提为侍御史。这是高适第一次得到皇帝的赏识。

那时候,李亨在灵武自立为帝,是为唐肃宗。不舍放权的唐玄宗，为了对抗唐肃宗，试图采用"分诸子以抗之"的策略，削弱唐肃宗的力量，这遭到了高适的反对。高适认为，皇子各为节度使，只会加剧争权内乱，从全局上看弊大于利。但其谏言未被唐玄宗采纳。结果，高适一语成谶，永王李璘起兵，天下愈发混乱。高适在唐玄宗那里受挫后，反而受到了唐肃宗的赏识，唐肃宗将高适招到身边，并听取了他的建议。高适向唐肃宗分析了江东形势，做出"永王必败"的判断。唐肃宗肯定了高适的想法，将其擢升为从三品的淮南节度使，讨伐李璘。至此，高适逐渐走向人生高峰。

从任哥舒翰的掌书记开始，到担任节度使、御史大夫，高适只用了短短的几年时间。如此惊人的升迁速度，离不开两位皇帝对他的赏识。

唐朝诗人之达者是高适吗

《旧唐书》曾经评价高适,说"有唐以来,诗人之达者,唯適而已"。这条评价让人觉得似乎唐朝诗人的功名再也没有比高適高的了,可事实果真如此吗?

当然,高適确实拥有着高功名,且手握实权。尽管他四十多岁才做了从九品上的小县尉,但几年后,他凭借安史之乱的契机,逐渐升任左拾遗、监察御史、淮南节度使、剑南节度使等职位。在人生的最后时光,他又升至刑部侍郎、散骑常侍,进封渤海县侯,位列大唐中枢。十余年间,其官品从小小的从九品上跃升至正三品。

唐朝一般称三品以上的官为大官,高適先后担任了淮南节度使、散骑常侍,自然位列大官行列,但放眼整个唐朝诗坛,就没有比高適拥有更高官衔的人了吗?

结果显然不是的,李绅就是其一。李绅以《悯农》而被众人熟知,一句"谁知盘中餐,粒粒皆辛苦"广为流传。实际上,李绅的生活并不节俭，他做过极大的官，比高適大得多。跟高適一样的是，李绅也是老来得志，五十多岁才走上仕途，可是跟高適相比的话，李绅更加幸运。因为李绅的起点很高，一上来就做了正五品的御史中丞，不久就改授户部侍郎，而高適成为刑部侍郎时都已经六十多岁了，第二年就去世了。在之后的岁月中，李绅依然保持着较快的升官速度，相继做过河南尹、寿州刺史、淮南节度使等重要官员。公元 840 年，李绅被封为赵国公，去世时更是被追赠为太尉，正一品衔，而高適至终也不过是正三品的吏部尚书，两人的差距还是很大的。

况且，除了李绅之外，张说、张九龄、白居易等诗人的官衔都曾高过高適。所以《旧唐书》说，"有唐以来，诗人之达者，唯適而已"是不准确的。

李龟年为何能得到唐玄宗的盛宠

宫廷乐师李龟年能得到唐玄宗的宠爱,全凭自身精湛的音乐演奏技艺。他创作过一首名为《渭川曲》的琵琶曲,正是这首曲子让李龟年在众多宫廷乐工中脱颖而出,得到唐玄宗的喜爱和重视。

唐玄宗自幼就喜爱歌舞、通晓音律,擅长吹笛、羯鼓,是一个十足的音乐迷。在唐朝杨臣源的《吹笛记》中记载,唐玄宗平时龙袍内会揣着玉笛,与朝臣奏议军国大事的时候,他经常手隔衣服摁玉笛的孔眼,默默复习曲子。为了享受音乐、培养乐师,唐玄宗在宫廷内选定了一片梨园作为排练歌舞的场所,据《新唐书·礼乐志》记载,唐玄宗还在梨园之内亲自教学,在此学习的人被称为"皇帝梨园弟子",李龟年就是其中之一。

李龟年极具音乐天赋,羯鼓演奏出神入化。羯鼓源自西域,声音清脆响亮,穿透力强,唐玄宗认为羯鼓是八音的领袖,其他乐器不可与之相比。因为有相同的爱好,唐玄宗和李龟年成了知己。有一次，唐玄宗与李龟年讨论羯鼓，李龟年自称已打折了五十支鼓杖，而唐玄宗则自称敲坏的鼓槌已经装满了四个柜子。

  因为自身有高超的技艺，又与唐玄宗有相同的爱好，李龟年获得了唐玄宗的盛宠。

王维诗中的"红豆"思念的到底是谁

"红豆生南国,春来发几枝。愿君多采撷,此物最相思。"大家对王维的《相思》一定耳熟能详,一提到诗中的"红豆",很多人立刻联想到的是相互牵挂的爱情。但其实,诗中的"红豆"表达的不是恋人之间互相思念对方的情感,而是对友人的思念之情。

这首诗是王维在友人——大唐第一乐师李龟年离别之际所写,所以这首诗又名为"江上赠李龟年"。此诗,全篇只提"红豆"不提"人",字里行间都在表达对友人的思念之情,希望友人珍重他们之间的友谊。

王维年少成名,精通诗画、擅于音乐,凭借卓越的才华,常被达官显贵邀请到家中参加聚会。李龟年擅长弹奏、歌唱和作曲,在众多乐工伶人之中十分突出,经常被王公贵族请去表演。志趣相投的二人都是岐王李范府第的常客,因此结下了深厚的友谊。他们二人之间的情谊尽是惺惺相惜。

李龟年擅长将唐诗谱曲弹唱,他对王维的诗格外偏爱,经常唱王维的诗作。安史之乱后,李龟年流落到湖南湘潭一带,在湘中采访使举办的宴会中他依旧会选王维的《相思》和《伊州歌》来演唱。由此可见,二人的友情之深、思念之切。

《清平调词》能够存世，李龟年功不可没

《清平调词》明明是唐朝诗人李白创作的作品，这和李龟年有什么关系呢？

李龟年是一名著名的乐工，是唐玄宗的"御用歌手"。《松窗杂录》中有记载，开元年间，宫中比较偏爱牡丹花，种植有红、紫、浅红、通白四个品种。正值牡丹花开的时节，唐玄宗和杨贵妃一起到沉香亭赏花。赏花需配乐曲，唐玄宗下诏，让梨园弟子中音乐功底最好的人来唱歌。梨园弟子李龟年正准备唱歌的时候，唐玄宗发话了："赏名花，对妃子，焉用旧乐词为？"意思是观赏名花，面对爱妃，不能用旧曲旧词唱。于是，唐玄宗下令，让李龟年手持御用金花笺，宣李白进宫写词。李白到宫内，面对牡丹花稍作沉思，挥笔写下：云想衣裳花想容，春风拂槛露华浓。若非群玉山头见，会向瑶台月下逢。一枝红艳露凝香，云雨巫山枉断肠。借问汉宫谁得似，可怜飞燕倚新妆。名花倾国两相欢，长得君王带笑看。解释春风无限恨，沉香亭北倚阑

干。李龟年将这首《清平调词》呈给唐玄宗，唐玄宗十分高兴，让梨园弟子抚丝竹，李龟年引喉歌唱，唐玄宗亲吹玉笛为李龟年伴奏。

唐代"顶流歌手"为何最后靠卖唱为生

"音乐家"李龟年在大唐"娱乐圈"的地位十分高,作为盛唐的"顶流歌手",他深得皇帝喜爱,受到万人追捧,他晚年为何会沦落到以卖唱为生的地步?

唐玄宗天宝年间,唐朝经济发展至鼎盛,长安城中一片安逸和乐。唐玄宗终日纵情声色,作为乐工的李龟年,凭借精湛的技艺,经常被请到皇宫中表演。李龟年一家都极具艺术天赋,除了他本人是擅长多种乐器的乐师外,他的两个弟弟也是久负盛名的宫伶,二弟李彭年善舞,三弟李鹤年善歌,兄弟三人组成的"唱跳组合"在京城红极一时。

让李龟年陷入悲惨境遇的罪魁祸首是安禄山和史思明。公元755年,以安禄山和史思明为首领的叛唐军队发动了安史之乱,安禄山与杨国忠之间的权力争夺战爆发。

潼关失守后,唐玄宗仓皇奔蜀,杨贵妃无奈自缢于途中,长安沦陷。长达八年的安史之乱,让唐朝由盛转衰,李龟年的人生也因此被彻底改变。曾经备受追捧的"顶流歌手",在乱世之中也只能苟且偷生。他一路颠沛流离,逃到江南一带,为了生存,只能靠卖唱为生。

诗圣是如何写好"春雨"这篇命题作文的

《春夜喜雨》作于公元761年,当时饱经战乱的杜甫几经辗转,好不容易来到了蜀地,过上了他这一生中难得的一段安稳的日子。浣花溪畔,他下地耕作,与农人为伴,与农人为友,他深切地理解劳动人民对春雨的期盼之情。

"好雨知时节,当春乃发生。随风潜入夜,润物细无声。野径云俱黑,江船火独明。晓看红湿处,花重锦官城。"在杜甫的眼里,这场雨并不是因为春天的到来才下的,而是因为春天来了,万物都在等待着滋润,这场雨似乎明白了万物的心思,才悄然而至。一场普通的雨,被杜甫写得极具人情味。"随风潜入夜,润物细无声",这场雨是随风而来,一个"潜"字,表明这场雨不愿意去惊扰睡梦中的人们,不愿意去惊扰刚刚苏醒的万物。一个"细"字,把春雨轻柔而下的状态,描写得细致入微。"野径云俱黑,江船火独明",天上乌云密布,田野道路一片漆黑,目光所及,唯有远处的江船渔火闪着一星光亮。"晓看红湿处,花重锦官城","红湿处"是指雨后的花丛,"花重"是说花儿因为饱含雨水而变重,往下垂。等到明天清早再去看看吧,经过一夜春雨的洗礼,城中的花儿一定饱受春雨的滋润,生机勃勃、红颜欲滴,整个锦官城,想必也会变成一片花的海洋。

  这首诗通篇写景,却处处含情。通篇没有一个"喜"字,然而喜悦之情却隐藏在雨的背后,呼之欲出。可见诗圣的独具匠心。越是平常的景象就越难写,能把一场春雨写得如此真切入微,除了诗圣还有谁?

杜甫怼人有多牛

现在有个词,叫"键盘侠"。其实,"键盘侠"在古代就有,他们曾经就把"键盘"对准过李白和杜甫,对二人无端诋毁。

杜甫是回怼过"键盘侠"的,他写过一组诗叫《戏为六绝句》。这六首诗,表面上是替庾信和"初唐四杰"辩护,实际上也是他自身的回击。比如说其中的第二首:"王杨卢骆当时体,轻薄为文哂未休。尔曹身与名俱灭,不废江河万古流。"意思是说王勃、杨炯、卢照邻、骆宾王的作品在当时已经达到了最高的造诣,然而你们这些浅薄无知的人,竟然对此无休止地冷嘲热讽。在历史的长河中,你们连个影子也不会留下,而"四杰"却能江河不废,万古流芳。怎么样?怼得够狠吧?

当然,诗圣毕竟是诗圣,他永远怀有一颗仁爱之心。在回怼后,诗圣又开始关心起了他们,很为他们着急,竟忍不住给他们提出"要学习《诗经》风雅的传统,虚心向前辈学习"的建议。怎么样?杜甫怼人的水平高,但人品更高,刚柔并济,双管齐下。

杜甫的"跨界老友"是谁

你听过杜甫的《江南逢李龟年》吗？这是一首七言绝句，虽然只有短短的二十八个字，但所蕴含的情感却无比沉重。

公元 770 年，五十八岁的杜甫走到了生命的最后一站。这一年，他漂泊到了潭州，在那里他遇到了一位故人，也就是诗中提到的李龟年。李龟年何许人也？盛唐时期的顶尖音乐家，被后人誉为"唐代乐圣"。李龟年不仅善歌，还善弹奏、作曲。当年，唐玄宗宣李白写的《清平调词》，就是由李龟年谱曲的。

杜甫少年时期，有幸欣赏过这位帝国顶尖歌唱家的表演。杜甫因为才华显著，受到岐王和崔涤的礼遇，得以在他们的府邸欣赏李龟年的歌唱。在杜甫的心目中，李龟年是和鼎盛的开元时代以及自己充满浪漫情调的青少年时期的生活紧密联系在一起的。如今，四十多年过去了，苍老的杜甫在潭州遇到了更加苍老的李龟年，一时感慨万千。

我们经常把杜甫的诗称作"诗史"，因为他的诗中虽然是写自己的人生,但折射着国家的历史、王朝的命运。《江南逢李龟年》就是一部言简意赅、回味无穷的"诗史":"岐王宅里寻常见,崔九堂前几度闻。正是江南好风景,落花时节又逢君。"

孟浩然与鹿门山的渊源

为了纪念唐朝著名山水田园诗人孟浩然，2003年，位于湖北襄阳的鹿门山修建了孟浩然纪念馆。为什么选择鹿门山呢？这得从孟浩然与鹿门山的渊源说起。

公元708年前后，年轻的孟浩然初游鹿门山。在鹿门山如画的山水间，他领略着盛唐时代田园牧歌的乐趣，写下《题鹿门山》一诗，此诗标志着孟浩然独特的诗风基本形成。因自幼受到襄阳隐逸文化的熏染，再加上唐朝又是隐逸之风盛行的时代，孟浩然很难不走上隐逸的道路。公元711年，孟浩然选择在鹿门山隐居，他在四十岁之前一直生活在鹿门山中。隐居鹿门山期间，孟浩然又先后写下《夜归鹿门山歌》《登鹿门山怀古》等诗，这些作品标志着他的写诗风格已经成熟。

鹿门山是一座秀美的山，也是一座诗化了的山，孟浩然以妙笔将它描绘得清美如画，同时鹿门山也哺育了大诗人孟浩然。可以说，鹿门山和孟浩然两者是互相成就。在孟浩然的诗歌中，涉及鹿门山的其实不算很多，但诗中的鹿门山一直都带有比较明确的"隐逸"指向。从世人对孟浩然诗作的评价也可以看出，孟浩然之名时常与鹿门山联系在一起。公元740年，孟浩然以隐士的身份离开了人世。在他身故后，他与鹿门山的联系越来越紧密，襄阳的隐逸文化也因他而为人所熟知。可以说，孟浩然成就了鹿门山，鹿门山也成全了孟浩然。

得罪唐玄宗，孟浩然仕途路断

公元 727 年，已近不惑之年的孟浩然放弃了隐士的生活，选择到长安城求个前程。孟浩然来到长安后，因他斐然的才华而闻名，很快得到众多名士重臣的欣赏，其中就有唐代另一位山水田园诗人、与他并称"王孟"的王维。二人惺惺相惜，成为挚友。

据史书记载，当时在朝廷任职的王维曾邀请孟浩然到内署相聚，但没想到唐玄宗突然来视察。内署本是办公的地方，怎么可以随便招待朋友呢？所以王维就把孟浩然藏在了床底下。但是王维又仔细一想，这事如果哪天传出去就是欺君之罪，于是他就跟唐玄宗如实禀告，说他的朋友孟浩然来了，但因为不该在这里会友，自己就把他藏在床底下了。唐玄宗也听说过孟浩然的诗写得很好，就让他出来，当面念一首诗给他听。这是多少读书人梦寐以求的好机会，如果好好表现，平步青云指日可待。但大诗人孟浩然却在这么重要的时刻念了这么一首诗："北阙休上书，南山归敝庐。不才明主弃，多病故人疏。白发催年老，青阳逼岁除。

永怀愁不寐，松月夜窗虚。"意思是说他来到长安考试却没有考上，所以不得已，想要回家，不做官了，这就是著名的《岁暮归南山》。特别是"不才明主弃"这一句，意思是我也没有什么才华，所以虽然是圣明的君主也不用我了。唐玄宗一听这句急了，回道是你自己不来考试，怎么能说是我放弃你。就这样，孟浩然得罪了唐玄宗，仕途上的好机会被自己放弃了。结果正如这首诗的题目"岁暮归南山"，他只能断了仕途的念想，离开长安，重回老家的山间隐居去了。

大诗人孟浩然的死亡之谜

孟浩然晚年身患背疽，因此回到老家襄阳养病。经过服药静养一段时间后，病情已有明显好转，其间他还曾外出拜访友人。

公元 740 年，孟浩然的好友王昌龄路过襄阳，上门拜访。老友到访，孟浩然甚是高兴，自然要与老友把酒言欢。加上正值秋日，鱼虾蟹肥，席间自然少不了这些水产之物。孟浩然觉得自己的背疽之病好得差不多了，不顾医生禁忌生冷海鲜的嘱咐，导致疮毒复发传遍全身，竟"食鲜而亡"。享年只有五十二岁。

孟浩然是因为老友来访，高兴万分，纵情宴饮，从而忽视了旧疾。这可以说是孟浩然的疏忽，但也能看出他对朋友的重视。

其实，孟浩然还曾因"重友"错失了自己在仕途上的好机会。公元 735 年，时任襄州刺史的韩朝宗非常欣赏孟浩然，不仅向其他高官宣扬他的才华，还和他约好一起前往京城，计划到时将他引荐到朝中。然而，孟浩然在即将动身时却遇到了老友前来拜访，二人相谈甚欢，乘兴喝了很多酒。酒酣之时，有人提醒他和韩朝宗有约,但孟浩然却充耳不闻,说:"我已喝了酒,身心快乐,哪管其他事情。"最终他没有赴约,失去了被人举荐进入仕途的好机会。

多亏自己的弟弟，王维才捡回一条命

许多人认识王维是在小学时读《九月九日忆山东兄弟》的时候，那你知道诗中的"兄弟"是指谁吗？这里的"兄弟"指的是王维的亲弟弟王缙，这首诗就是王维写给王缙的。

王缙比王维小一岁，兄弟俩年纪相仿、兴趣相投，自小感情甚笃。曾有人这样评价王维："与弟缙俱有俊才，博学多艺亦齐名。"王维的才情自不用多说，但从这句话可以看出，其弟王缙也并非平庸之辈。

公元755年，安禄山带兵从范阳南下攻占洛阳，直取长安。叛军来势凶猛，次年长安沦陷，而此时的宫廷中早已没了天子的身影。王维本来准备和唐玄宗一起跑的，结果当时场面太混乱，一不小心走散了，他被俘虏到洛阳。

王维的才情天下皆知，抓他的人一眼就认出这个头发花白的长者就是大才子王维，这样的人才与其杀掉，不如用起来。王维被迫在那里做了官。公元757年，唐军收复洛阳，王维等陷贼官员皆被收系，押往长安以待定罪。

与倒霉的王维相比，其弟王缙就幸运多了。在叛乱平定后，王缙因守卫太原有功，升为刑部侍郎。王缙自小就崇拜自己的哥哥，怎么可能看着哥哥命丧黄泉？王缙便向唐肃宗求情，说愿意用自己的官职换取哥哥性命。于是，唐肃宗赦免了王维。经此一事，王缙对王维来说不仅是血浓于水的弟弟，更是救命的恩人。

王维的音乐天赋竟然这么高

王维是盛唐时著名的诗人、画家,苏轼曾评论他的诗画:"味摩诘之诗,诗中有画;观摩诘之画,画中有诗。"可是,很少有人知道王维还是一位音乐家,而且音乐天赋极高!

史料记载,他曾用一首琵琶"摇滚乐"《郁轮袍》俘获玉真公主的芳心。话说当时,王维为了应试找到了好友岐王,经岐王引荐,王维抱着琵琶来到了玉真公主的府邸。酒宴一开,众多乐官排队进入,王维格外惹眼。他正值少年,风姿绰约,立刻就引起了公主的注意。于是,公主便令王维独奏。王维右手弹挑,左手捻带,曲子声调哀切,奏得满座动容。于是玉真公主将王维请上客座,以贵宾之礼相待。由此可见王维这首琵琶曲演奏之精妙。

不仅如此,王维还能看画识曲。曾经有一次,王维受邀去朋友家参加宴会,朋友家里挂着一幅画,画中有很多乐师在一起演奏乐曲。围观这幅画的人很多,大家都在猜测画中人演奏的乐曲是什么。有人说"我看他们在演奏《高山流水》",也有人说"我觉得他们是在演奏《十面埋伏》",王维却说:"这是《霓裳羽衣曲》的第三叠第一拍。"众人听了他的话后都半信半疑,问王维是怎么知道的。王维笑而不语,只是说:"大家如若不信,可以找乐师来按照图中所示演奏一番,自然便知。"于是主人请来乐师。当演奏的乐曲声逐渐响起的时候,大家看到乐师与画中所示一般无二,皆瞠目结舌。自此,王维的音乐天赋扬名天下。

第一位被官方认可的"诗仙"

李白不是第一个被称作"诗仙"的人，白居易才是第一位被官方认可的"诗仙"。白居易去世之后，唐宣宗李忱写诗悼念，他说："缀玉联珠六十年，谁教冥路作诗仙。浮云不系名居易，造化无为字乐天。"白居易呢，也自诩"诗仙"，他在给元稹的《与元九书》里说："知我者以为诗仙，不知我者以为诗魔。"

李白呢，也有人称他为"仙"，贺知章称他为"谪仙人"，杜甫称他为"酒中仙"，但都不是"诗仙"。根据现有资料，第一个把李白称为"诗仙"的是南宋的杨万里，他说："六朝陵墓今安在，只有诗仙月下坟。"但是在南宋，"诗仙"也不专指李白。有南宋姚勉的诗为证："李家自古两诗仙，太白长吉相后先。"他这首诗其实是夸这位李姓主人，说你们老李家好啊，先后出过两位"诗仙"，其中李太白是指李白，李长吉是指李贺。

随着时间的推移，大约是后人觉得李白确实仙气十足，所以把"诗仙"这个名号给了李白，白居易反而被称为"诗魔"。后人称白居易为"诗魔",是因为白居易对写诗这件事非常痴迷。白居易大约是唐朝现存作品最多的诗人,流传下来的作品有三千多首。白居易用他的"诗魔",为我们留下了无数不朽的佳作。从《卖炭翁》到《琵琶行》,这些立体鲜活的形象,通过他的文字,永远地留存在了中国文学史的长河中。

为老百姓办实事的诗人

白居易的前半生,除了爱情之外,可以说是比较顺利的。这种顺利让他的政治热情格外饱满,心系民间疾苦,为民发声,创作了大量讽喻诗。《卖炭翁》,苦宫市也。当时的宫市,通俗说,就是太监打着宫里采购的旗号,跟老百姓买东西,可是不好好给钱,甚至明抢。《卖炭翁》反映的就是这种现象。《新丰折臂翁》,戒边功也,反映的是战争给老百姓带来的苦难。《红线毯》,忧蚕桑之费也,反映的是官员为了讨好皇帝,皇帝为了享乐,都不顾百姓的死活。这是白居易《新乐府》中的三首。同时期的代表作还有《秦中吟十首》,每一首都掷地有声,让那些权贵咬牙切齿。这种仇恨,给白居易埋下了危险的种子。

公元815年,宰相武元衡遇刺身亡,白居易上表主张严缉凶手,被认为是越职言事。其后,白居易又被诽谤,被贬为江州司马。在江州待了三年,白居易在好友崔群的帮助下,升任忠州刺史,之后逐渐回归权力中心,甚至做到了中书舍人的位置。可他的想法却发生了改变,做起了"中隐"。之后的白居易,到过杭州、苏州、河南等地,因为看透了官场的虚无,所以他更加务实,为老百姓做了很多实事。理想仍在,只是他不再寄希望于整体环境的改变,而是在自己力所能及的范围内惠及百姓。

公元846年,白居易在洛阳去世,享年七十五岁。赠尚书右仆射,谥号"文"。

谁是白居易心中的白月光

十一岁，白居易跟着母亲来到徐州府邸避难。在那里，他认识了一个女孩儿，叫湘灵。这个名字很美好，早在屈原的《远游》里就出现过，有可能是真名，也有可能是白居易用这个名字来指代心中难忘的初恋。

白居易笔下的湘灵非常可爱，他在诗《邻女》中写道："娉婷十五胜天仙，白日嫦娥旱地莲。"为了心爱之人，白居易提出："我要娶湘灵。"但他的请求被母亲拒绝了，因为白家是做官的，湘灵只是扶犁村姑。

可白居易觉得是不是只要有了功名，一切就都好说了。于是，他更加努力地读书，既为理想，也为湘灵。二十九岁，白居易考中了进士，是同年进士中最年轻的一位。当他兴冲冲地再次跟母亲提出娶湘灵的时候，却遭到了更加惨烈的拒绝。

两个明明相爱的人，却不能在一起。于是，白居易把他的思念，凝结成了缠绵悱恻的诗歌，著名的《长相思》就是以湘灵的视角写的。湘灵十五岁与白居易相恋,两个人相恋八年,最终却因为门第不能在一起,很是令人惋惜。

不是被贬，就是在被贬的路上

刘禹锡生于公元772年，所处的时代，正是唐朝由盛转衰的关键点：地方上藩镇割据，朝堂中宦官专权、朋党相争；民间社会矛盾激化，土地兼并严重，均田制走向瓦解，流民增多。在此形势下，部分有识之士开始图谋变革。

公元792年，刘禹锡在长安游学，目睹了朝廷的衰败，便有了改革的念头。次年，刘禹锡顺利通过进士科。进士科在唐朝最为重要且极其困难，有"五十少进士"的说法。公元795年，刘禹锡正式进入官场。

唐德宗太子李诵雄才大略，对朝廷危机深感忧虑。在太子侍读王叔文、王伾的引导下，李诵有了革新的想法。公元805年，李诵抱病登基，是为唐顺宗，改年号为"永贞"，随即开始了"永贞革新"。改革的总指挥是王叔文和王伾，他们聚集了一批低阶文官在身边充当智囊。在诸多才俊中，王叔文最看重刘禹锡和柳宗元，《旧唐书》中说"引禹锡及柳宗元入禁中，与之图议，言无不从"。所以，时人将王叔文、王伾、刘禹锡、柳宗元称为"二王刘柳"，以他们四人为改革的核心。

在"外削藩镇、内抑宦官"的目标下，短短一百多天，他们颁布了七大重要措施。虽说由于时间太短，很多措施并没有切实落地，但不可否认的是，这些措施本身都切中时弊。清代王鸣盛评价这些措施"上利于国，下利于民，独不利于弄权之阉宦，跋扈之强藩"。

在这种背景下，刘禹锡虽然是屯田员外郎，但谁也不能否认他的权势，这堪称刘禹锡的人生巅峰。刘禹锡曾写了《春日退朝》，其中："瑞气转绡縠，游光泛波澜。御沟新柳色，处处拂归鞍。"几句话就将自己的喜悦之情展现得淋漓尽致。

但改革进行到第一百四十六天，在藩镇和宦官的联合压制下，唐顺宗被迫将皇位禅让给太子李纯。在宦官指使下，李纯尽废新政，并将"二王刘柳"等改革核心人物全部处置，史称"二王八司马事件"。刘禹锡在经历过挥斥方遒、指点江山的辉煌后，被一贬再贬。直到他垂垂老矣，才被召回朝廷。

刘禹锡为何得罪皇帝

唐宪宗是一位英明天子,开创了"元和中兴",可刘禹锡身为才子却遭到唐宪宗一贬再贬。唐宪宗为何厌恶刘禹锡?

刘禹锡在公元805年参与"永贞革新",失败后,同年被贬谪。公元815年,朝廷颁布特旨召刘禹锡回长安。十年的贬谪生涯给刘禹锡留下了深深的阴影,但他依旧保持着对实现个人政治理想的向往和信心。在长安近郊,刘禹锡就按捺不住心中的喜悦,写下"雷雨江山起卧龙,武陵樵客蹑仙踪"的诗句,在诗中他以卧龙自比。

可不久,朝廷便以刘禹锡的诗歌《元和十年自朗州至京戏赠看花诸君子》有讽刺当局之嫌,再次将其贬谪。

事件的始末是,刘禹锡在长安玄都观赏桃花,写下了"紫陌红尘拂面来,无人不道看花回。玄都观里桃千树,尽是刘郎去后栽"的诗句。此诗在长安传开,被别有用心之人揪住把柄。这些人解读道,"桃千树"乃是指十年来投机逢迎、在政治上得意的新贵,他们蝇营狗苟,如同赶着热闹去看桃花一般。最后一句则表达了刘禹锡鄙夷不屑的态度,说这些新贵无非是靠排挤他这个旧臣才获得升迁的。

然而,根据刘禹锡《再游玄都观》自序所说,刘禹锡被贬的时候,玄都观还没有桃花,在外十年回到长安,玄都观已经种上了桃花。人们都传"有道士手植仙桃满观,如红霞",刘禹锡有感而发,因此写了这么一首诗,赠给来看花的人,可见此诗并无讽刺之意。但当局者仍以此事为由,将刘禹锡贬至地方。

一些史学家认为,刘禹锡被贬的根本原因不在此诗,而在于他始终没有就镇压"永贞革新"之事支持唐宪宗。何况他是"永

贞革新"的核心人物之一,而唐宪宗正是靠镇压"永贞革新"登基的,刘禹锡的存在威胁了唐宪宗政权的合法性,故而唐宪宗借题发挥,将其贬出长安。

"洛下闲废"的刘禹锡

刘禹锡在唐宪宗时期被多次贬谪，不得回朝。直到公元826年，五十四岁的刘禹锡才被召回洛阳，次年到达。公元828年，他得宰相裴度赏识，被召入长安为官，但不久又牵扯"牛李党争"，转任苏州刺史。公元836年，六十四岁的刘禹锡以太子宾客的身份回到洛阳，此后一直生活在此，直到公元842年去世。

在洛阳时，刘禹锡家住怀仁坊，生活并不差，加上与他的好友白居易、裴度、牛僧孺等人同在洛阳，大家没事就一起写诗唱和，所以刘禹锡最后的人生，理应是他最豁达、最自由的时光。但明朝胡震亨却说刘禹锡"晚年洛下闲废"，可见他是无所事事，只能挥霍时光。刘禹锡的晚年生活或许并不像人们想象中那么快乐，这点可以从刘禹锡晚年突然信奉佛教看出。

刘禹锡晚年潜心修佛，可他的信仰并不单纯，主要是想借宗教来排遣抑郁，弥补内心空虚和精神的空洞。他在《秋斋独坐寄乐天兼呈吴方之大夫》这首诗中解释了信佛的原因，"世间忧喜虽无定,释氏销磨尽有因"。作为经历代、德、顺、宪、穆、敬、文、武宗八朝的老臣,参与了"永贞革新",面对中唐的颓势,他内心不甘却又无可奈何,只能寄托于宗教。在《天论上》中,刘禹锡说"生乎乱者,人道昧,不可知",也显示了他想借宗教舒缓心情、转移注意力的无奈。

公元842年,刘禹锡病情加重,抱病写了《子刘子自传》,公开为"永贞革新"辩护,为王叔文翻案。在自传中他为自己在政治上的无所作为表示遗憾,也感叹"天与所长,不使施兮!人或加讪,心无疵兮",表明自己一生坦坦荡荡、问心无愧。

所以,刘禹锡说"事佛无妨有佞名",坦然承认信佛对自己的名声有损,但这也是无可奈何的事。

《甄嬛传》中的绝美歌词作者竟是他

曾经的大热剧《甄嬛传》，已经成了一代人的记忆。这部经典影视剧中有很多让人印象深刻的配乐，比如那首曲调哀婉、辞藻华丽的《菩萨蛮》便是脍炙人口的作品。这首《菩萨蛮》其实大有来头，它的词作者就是晚唐诗词双绝、被称为花间派鼻祖的温庭筠。

"菩萨蛮"其实是古代的一个词牌。所谓词牌，就是有固定曲调、节奏和声律的一种格式。以"菩萨蛮"为例，这个词牌共有四十四个字，共享四个韵。古人经常说，填词就是在固定的格式和韵律中填上不同的字，表达不同的意境和美感。所以，同一个词牌，可以填出很多不同的词。不同的词牌之间，风格也有所不同，有的轻快，有的哀苦，有的激昂，有的悠长……

据《唐才子传》记载，唐宣宗特别喜欢"菩萨蛮"，宰相令狐绹为了讨好皇帝，请温庭筠当"枪手"，原创了很多"菩萨蛮"的词献上去。《菩萨蛮》十四首，就是今天温庭筠词中最受关注的词作之二,历来对它的赏析和解释也是众说不一。

《甄嬛传》的主题曲,选用的是温庭筠《菩萨蛮》十四首中的第一首:"小山重叠金明灭,鬓云欲度香腮雪。懒起画蛾眉,弄妆梳洗迟。照花前后镜,花面交相映。新帖绣罗襦,双双金鹧鸪。"这首词写女子起床梳洗时的慵懒姿态,以及妆成后的情态,暗示了人物孤独寂寞的心境。

才华横溢的温庭筠为何"高考"总失败

对于一般人来说,绞尽脑汁都未必能答出来的科举考试题,温庭筠做起来不但轻松无比,甚至还有闲心帮身边人替考作弊。那为什么他自己始终没考出个正经功名呢?

这要从两个冷知识说起:第一,唐朝科举考试分为面试和笔试。第二,唐朝科举考试的笔试是不糊名的,就是试卷上考生的名字不是像今天的考试一样要遮挡起来,而是阅卷老师可以直接看到。这就滋生了很多的"不公平"。那些大诗人拼命地拜访名人,求权贵推荐,或者炒作自己的名声,就是因为推荐信比卷面分数更好使。在这种风气下,温庭筠就暴露出两大劣势:一是他颜值堪忧。古代当官讲究"身言书判",第一条就是当官要看脸,长得猥琐丑陋,在面试时就给淘汰了。二是他的名声不太好,唐宣宗大中年间,温庭筠进京应试,很快打响了名头。但温庭筠整天和高公卿家的败家子混在一起,寻欢作乐,饮酒赌博,给人留下了不靠谱的印象。

除此之外,温庭筠也的确有点时运不济。公元839年,温庭筠参加京兆府试,成绩排名第二,按理说肯定是能通过第二轮的,但他却被宫廷内部的权力斗争所波及,不得不放弃了这次考试。后来,据说他还得罪了宰相令狐绹,从此被拉入了黑名单,没有哪个考官敢真的录取他。后来,他在考场上免费帮别人作弊,有可能就是因为心里憋屈,想用这种方式报复一下当权者。

孙思邈为何被尊为药王

"药王"孙思邈凝聚毕生心血写成的《千金方》,被称为"中国最早的临床百科全书"。这本书中,最先提到的不是治疗疾病,而是治疗医者的内心。

孙思邈活跃于唐朝,被后世尊为"药王",这个称号不仅是因为他医学水平高超,更反映了百姓对他人格的崇拜。孙思邈的人格魅力与医学思想,集中体现在他的著作《千金方》上。

孙思邈的《千金方》,原名《千金要方》。该书成书于公元652年,是孙思邈用三十年时间写成的。孙思邈认为人命贵于千金,而药方则能救人于危难,故以"千金"命名。从书名便能看出孙思邈"以人为本"的思想。

《千金方》共三十卷,包含妇科、儿科、五官科、内科、外科等临床科目,此外还有解毒急救、食疗养生、脉学、针灸等内容。全书细分为二百三十三门,方论五千三百首。

《千金方》中论述了医德问题,孙思邈认为治病,首先不在于治疗病人的疾病，而在于治疗医者的内心，即端正医生的医德。孙思邈将之称为"大医精诚"。他认为好的医生应"安神定志，无欲无求，先发大慈恻隐之心，誓愿普救含灵之苦"，如有求医求救者，"不得问其贵贱贫富""不得瞻前顾后，自虑吉凶，护惜身命"。"大医精诚"正是儒家仁者爱人思想的体现。《千金方》奠定了医学道德体系，甚至被西方学者称为"世界医德法典的渊源"。

《千金方》在医学论述方面价值也很高。清代医学家徐大椿曾评价历代医书，他说张仲景治病完全遵照《黄帝内经》，药方都是古人流传下来的，药物也是依据前人的《神农本草经》来使用的，可孙思邈的《千金方》不同，他综合前人医书，所用方剂

博采众长、不拘一格，或有一病多方，也有多病一方。可见，他对孙思邈颇为赞赏。孙思邈的学术思想和医学成就为中国中医的继承和发展做出了巨大的贡献。

历史上难得的高寿人士

孙思邈是历史上难得的高寿人士，后世尊其为"药王"。他一生专注医学事业，舍弃一切繁华。清静无为的内在境界、健康饮食的生活习惯，内外因素的共同作用是他高寿的秘诀。

孙思邈，唐代医学家，京兆华原人。关于他出生的时间，有人认为是公元 541 年，也有人认为是公元 581 年，此外也有些别的说法。而关于孙思邈去世时间，无争议，就是公元 682 年。如此算来，孙思邈或活了一百四十二年，或活了一百零二年，不论如何计算他都是高寿人士。

"汤药之资，罄尽家产"，据说孙思邈幼时体弱多病，父母四处求医，为此耗尽家财。孙思邈自幼便十分聪明，有过目不忘之能。自立志学医后，他很快就掌握了中医理论，"是以亲邻中外有疾厄者，多所济益"，孙思邈的名声逐渐传开。

隋代北周前后，时局动荡，孙思邈多次被朝廷征辟，却坚持不受，反而隐居太白深山，潜心钻研医术。他不仅学习正统医术，还十分注重吸纳民间偏方。他学神农尝百草，自己寻找草药，亲身试验，了解诸草药药性。同时，他积极给百姓看病，积累了诸多宝贵的临床经验。

唐太宗继位后，曾召见孙思邈，见其气色、体态与年轻人一般，感叹他是"有道之人"，想赏赐他爵位，但孙思邈拒绝了，选择回到民间为百姓医病。

公元 659 年，孙思邈再次被皇帝召入皇宫，拜为谏议大夫，孙思邈仍然拒绝，只将徒弟刘神威送入太医院。公元 674 年，孙思邈以年老有病为由请求归乡，这才离开长安，回到华原县五台山，最后病逝于此。

孙思邈是长寿之人，通过孙思邈的经历我们能看出，他长寿的秘诀有二：一是内心的清静无为，他多次拒绝当官，只因认为官场繁杂，有案牍之劳形，有尔虞我诈之乱事，这些都会损耗心神；二是外在的养生习惯，孙思邈的三十卷《千金方》中有专门的食补养生两卷，可见孙思邈是十分注重保养的。正是在内心舒畅和外在保养的共同作用下，孙思邈才得以长寿。

孙思邈的"药王"称号实至名归

当凶猛的老虎出现在面前,纵使勇猛如武松,赤手打虎前也沽饮十八碗酒来壮胆。而孙思邈和老虎的故事则更加传奇,孙思邈见到老虎的第一反应竟然是去给老虎治病。

今天,在陕西省铜川市耀州区药王山有一块叫老虎坪的地方,传说就是孙思邈救治老虎之处。民间给孙思邈建塑像,他的身旁必然有只卧虎,可见二者的缘分。据说,孙思邈在民间行医的时候,养了一头毛驴,用以代步和背负行李。一次,孙思邈牵着毛驴去山里采药,将毛驴拴在树下。过一会儿,山中老虎出没,吃掉了毛驴。等孙思邈回来,老虎又出现了。起初,孙思邈以为老虎要吃掉自己。可谁知老虎似通人性,知道孙思邈是医生,便祈求似的匍匐在地,张开大口。经过孙思邈的观察,原来老虎的嗓子被一块很大的骨头卡住了。孙思邈想给老虎治疗,但又怕把手伸进老虎口中治疗时,老虎会因疼痛而将自己的胳膊咬断。忽然,孙思邈想起自己有一个大铜圈,于是取下来放在老虎口中,顶住老虎的上下颚，将胳膊从圈中穿过，成功取出扎在老虎喉咙里的"刺"，并给老虎敷上了药。得到治疗的老虎像小猫一样十分乖巧，趴在孙思邈面前，让孙思邈骑乘，此后老虎就成了孙思邈的坐骑。这正是孙思邈骑虎图、孙思邈伏虎图背后的典故，而铜圈则成了中医的一种象征，寓意自己是能医治老虎的"药王弟子"。

孙思邈医治老虎的故事虽是个传说，但这个故事反映了人们对孙思邈医者仁心的赞赏。"药王"的这个称号，一种说法是他治好了唐太宗的顽疾，受到唐太宗的册封；另一种说法是因为虎为百兽之王，孙思邈降伏老虎，其医术和医德冠绝古今，所以被尊为"药王"。由此可见，人们纪念药王孙思邈不仅是因为他的医术，更是因为他的医德。

陕西美食葫芦头竟是为了纪念他

俗话说"药食同源",被尊为"药王"的孙思邈其实还是个美食家。他发明的许多美食,不仅美味,还有食补的作用。这些美食能流传下来,体现了后世对他的纪念。

冬至吃饺子,这是流传至今的民俗。为什么要这么吃呢?其实和孙思邈有关。据说一年冬天,孙思邈的家乡耀州,天寒地冻,许多百姓的耳朵冻坏了。于是孙思邈搭建药棚,救助百姓。冬至那天,孙思邈把耳朵形、掺杂祛寒药物的羊肉馅饺子发给人们食用。因为羊肉属阳、性温、温中驱寒升阳,所以百姓们吃完饺子后,耳朵上的冻伤基本痊愈。后世为了感谢和纪念孙思邈为百姓舍药治伤的恩德,将冬至吃饺子当作习俗。

葫芦头泡馍是陕西名吃,这道美食有千年历史了。一种解释说,葫芦头的主材料是猪大肠,因猪大肠油脂较厚,形状像葫芦,因此得名。但还有个和孙思邈大有渊源的说法。据说九十多岁的孙思邈曾住在长安光德坊。此时的孙思邈虽然坚持给人看病,但毕竟年纪太大,所以只能拄拐杖前行,他的拐杖前挂了一个葫芦。孙思邈的住宅旁有一家饭馆做"煎白肠",即煎大肠。但那时候技术有限,猪大肠膻味太重,没人愿意吃,所以饭馆经营得并不好。孙思邈吃过后也觉得腥臊恶臭、难以下咽。于是,孙思邈指点了店主处理猪下水的方法,并开出了一个"八珍汤"的方子,用香料和草药掩盖猪肉的膻味。如此做出的猪大肠变成了汤品,十分鲜美。店家为了感谢孙思邈,就在门上挂上了一个葫芦,慢慢地这道菜也就被称为"葫芦头"。经过千年演变,葫芦头已经成为陕西家喻户晓的名吃。人们之所以愿意相信葫芦头和孙思邈有关,正是因为对孙思邈的敬仰。

仅凭两篇文章就让王勃立稳初唐文坛

王勃，字子安，唐朝诗人、文学家，与杨炯、卢照邻、骆宾王合称"初唐四杰"。

王勃有天纵之资，六岁就会写文章。王勃九岁的时候，读颜师古注释的《汉书》，觉得颜师古的注释有许多错误，就写了《指瑕》一文，指出颜师古的错误之处。

王勃《指瑕》一出，立马引起众人争相传阅，王勃也因此得到了刘祥道的赏识，被他举荐给唐高宗李治。

如果说《指瑕》一文还不足以让王勃在初唐文坛站稳脚跟，那么《滕王阁序》这一堪称绝世名篇的佳作足以证明王勃的实力。

二十六岁的王勃去交趾探望父亲的时候路过洪州，恰好碰到洪州都督正在举办盛会，一向颇有文名的王勃应邀参加此次盛会，他随手写下《滕王阁序》这篇千古第一骈文，一鸣惊人。其中"落霞与孤鹜齐飞，秋水共长天一色"这两句更是流传千古，传唱不绝。《滕王阁序》让滕王阁成为江南三大名楼之首，也让王勃的声望达到巅峰。

王勃的《滕王阁序》抢了谁的风头

公元675年,王勃仕途失意,打算前往交趾去探望被贬谪的父亲。正巧他路过了当时的洪州,也就是今天的江西南昌。他到这里时,赶上滕王阁重修竣工的盛大宴会。这里的都督阎伯屿邀请了众多文人名流,相聚于滕王阁庆祝。

早在这次宴会开始之前,为了能够在那些名流贵族面前夸耀自己的女婿吴子章,阎伯屿便让女婿提前准备文章,好在滕王阁的宴会上一展才华。阎伯屿是东道主,所以自然要谦虚一番,假意请在场的众人写序。大家都知道他的用意,自然不会喧宾夺主。唯独到了王勃这儿,他不明白其中意思,顺势接过侍从手中的文房四宝,开始写起文章来。这一举动惹得阎伯屿不快,更抢了他女婿吴子章的风头。所以这位大人就此离席,命令侍从将王勃所写的内容传递过来。旁边的那些人都等着看笑话,谁知王勃一气呵成,从历史人文写到山川形势,从盛宴状况写到心中大志,令众人拍手称赞。这篇千古佳作,更是成为文学史上的经典。

毁掉王勃仕途的竟然是一只鸡

写下了"落霞与孤鹜齐飞，秋水共长天一色"这等瑰丽诗句，留下千古名篇的王勃，竟然因为一只鸡丢了前程！这话说出去谁信？

话说王勃当上朝散郎后，经主考官的介绍担任沛王府侍读，用自己的才情赢得了沛王李贤的欢心。一次，沛王李贤与英王李哲斗鸡，王勃写了一篇《檄英王鸡》，讨伐英王的斗鸡，以此为沛王助兴。不料，此文传到唐高宗李治手中，惹得圣颜不悦。这又是为何？

原来，王勃写的《檄英王鸡》虽然通篇都在说沛王的鸡有多么威风，但是这一个"檄"字就触碰到了唐高宗李治的逆鳞。"檄"是什么意思呢？那是声讨敌人或叛逆的文书。

英王和沛王本是一奶同胞的亲兄弟，王勃用了这个"檄"字难道不是在教唆两兄弟反目成仇吗？王勃身为王府侍读，不仅不规劝不务正业的二王，还煽风点火、夸大事态。再者，此事还令李治回想起唐太宗李世民。李世民不就是在玄武门之变中杀了亲兄弟后登基称帝的吗？难不成王勃还要让英王、沛王重蹈祖辈的覆辙吗？

一想到这儿，李治怒不可遏，削了王勃的职。大好的前程竟被一只鸡给毁了，让人不胜唏嘘！

王勃竟敢为了父亲直接拒绝皇帝

唐朝诗人王勃，自幼聪慧，很早便入了仕途，但他的官运并不好，曾两次被贬，甚至差点丢了性命。在皇权至上的时代，他竟敢为了自己的父亲而拒绝朝廷的任命，这到底是怎么回事呢？

公元672年，王勃因私杀官奴第二次被贬，还被判了刑，刑满出狱后他才知道，此事不仅让自己身陷囹圄，还牵连了自己的父亲王福畤，导致父亲被远谪到南荒之外的交趾，也就是现在的越南河内地区。父亲受他牵连被贬对他的打击远远超过了他自己所受的牢狱之苦。

一年多后，朝廷宣布恢复王勃的官职，自幼以儒家忠孝礼法为标尺的王勃因为父亲被贬受苦内心愧疚自责，已视宦海为畏途，因而拒绝了朝廷的任命。他对父亲的孝心也在《上百里昌言疏》中有所流露："如勃尚何言哉！辱亲可谓深矣。诚宜灰身粉骨，以谢君父……"公元675年，王勃去交趾探望父亲，途中路过滕王阁，写下了千古名篇《滕王阁序》，唐高宗李治读后大为惊叹，为王勃的才情所拜服，便想立马召回王勃，可此时的王勃已在归途中溺水惊悸而死。唐高宗听闻此事，三叹"可惜"。

因王勃一篇文章而出名的滕王阁

江西有座楼，名为滕王阁，因王勃的《滕王阁序》而闻名天下。

看"落霞与孤鹜齐飞，秋水共长天一色"的美景，叹"冯唐易老，李广难封"的无奈，燃"穷且益坚，不坠青云之志"的伟大抱负……众多名句皆出于此。

滕王阁是李世民的弟弟李元婴修建的。李元婴最初调任山东滕州，封为滕王，因此他修建的楼叫滕王阁。后来李元婴又调任洪州，也就是如今的江西南昌，因思念山东的滕王阁，便在南昌建了同样的滕王阁，被人们熟知的就是南昌这个滕王阁。

滕王阁位于江西省南昌市东湖区，始建于公元 653 年，与湖南岳阳岳阳楼、湖北武汉黄鹤楼并称为"江南三大名楼"。

滕王阁命途多舛，被毁二十八次，但又因为这篇流传千古的序文而被重建了二十九次。最后一次被毁的滕王阁是在 1909 年重建的，只建了一个规模很小的阁，可惜十七年后它再次被一把火烧毁，只留下一块写有"滕王阁"三个字的青石匾牌。现在我们看到的滕王阁是 1989 年完工的，根据梁思成 20 世纪 40 年代绘制的草图，采用混凝土仿木结构重建的，整体是仿宋风格。

《龙岭迷窟》里李淳风的墓到底什么样

在热播电视剧《龙岭迷窟》里，盗墓三人组进墓的时候遇到了一个玄之又玄的墓穴，这墓穴的主人就是千古奇人李淳风。那么，李淳风的墓到底在哪里，又是什么样子呢？

乾隆元年，李淳风无疾而终。据唐朝档案《贾酷贾吏》记载，李淳风为猝死。唐高宗李治颁布追封诏，追封李淳风为太史令。

在《文献通考》中有李淳风墓的记载，"唐雍县有天柱山墓，在天柱山之东。"记载中的"天柱山"在今岐山县城北十里，一峰如柱，故称天柱。李淳风之墓恰恰在其东南三四里处。

人们为了纪念这位伟大的天文学家，在李淳风的墓旁修建了祠堂。祠堂门前左右两边，立有李淳风纪念碑和李淳风祠堂重修纪念碑。李氏家族每月逢初一、十五，都要去那里集会，举行祭祀。每年清明节，这里还要举办一天的盛大庙会，四面八方的香客都来祭拜这位先祖。

神童李淳风是如何在唐朝崭露头角的呢

李淳风上知天文地理,下晓阴阳易学,再加上各种神乎其神的传说,在唐朝几乎成了神人一般的存在。那么,李淳风是如何在唐朝崭露头角的呢?

李淳风的父亲李播,在隋朝时曾任县衙小吏,但一直不得志,遂弃官而为道士。他颇有学问,著有《老子撰方志图》十卷、《天文大象赋》等。从小就被誉为神童的李淳风在父亲的影响下,博览群书,尤其钟情于天文地理、道家阴阳之学。

公元611年,九岁的李淳风远赴南坨山缙云观,拜至元道长为师。公元619年,十七岁的李淳风回到家乡,经李世民的好友刘文静推荐,成了秦王府记室参军。公元627年,二十五岁的李淳风上书皇上,对傅仁均所著的《戊寅元历》提出了十八条意见,这引起了当时人们的重视。唐太宗采纳了他的七条意见,并授他将仕郎,入太史局供职。从此,李淳风便在执掌天文地理、编制历法、修史之职的太史局,开始了他的传奇人生。

世界上第一个给风定级的人

李淳风在太史局学习和研究天文历法、算学以及天象仪器，颇有所得。他向唐太宗上书建议改制浑天仪，太宗非常高兴地同意了。公元633年，李淳风制成了新的铜制浑天黄道仪，将古代的两重浑仪改为三重：最外为六合仪，中间是三辰仪，最内系四游仪。此仪可测定黄道经纬、赤道经纬、地平经纬。

公元651年，李淳风根据近四十年的观测、推算完成了新历的编撰并很快应用，称作《麟德历》。之后还传入了新罗。

李淳风对气象学的贡献，表现在他对风的观测和研究。在封建社会初期，对风的观测较过去更为详细，由风的四个方位发展到了八个方位，因此有"八风"之名。李淳风在研究和总结前人经验的基础上，进一步把风向划分为二十四个。他还根据树木受风影响而带来的变化和损坏程度，创制了八级风力标准，即"动叶，鸣条，摇枝，堕叶，折小枝，折大枝，折木、飞沙石，拔大树与根"。李淳风是世界上第一个给风定级的人。

李淳风对唐朝以后数学的发展有什么影响

李淳风在数学方面的主要贡献主要是编订和注释了著名的十部算经。这十部算经,又称算经十书,被用作唐朝国子监算学馆的数学教材,即《周髀算经》《九章算术》《海岛算经》《孙子算经》《夏侯阳算经》《张丘建算经》《缉古算经》《五曹算经》《五经算术》《缀术》这十部数学著作。

李淳风在批评《周髀算经》中的日高公式与盖天说不相符合的同时,成功地将不同高度上的重差测望问题,转化为平面上一般的日高公式去处理,并且首次在中国算术典籍中出现了一般相似形的问题。李淳风还重新测定了二十四节气日中的影长,首次引入二次内插算法,以计算每日影长。

算经十书是唐朝及以后各朝代的数学教科书,对唐朝及以后的数学发展产生了巨大的影响。后人对李淳风编订和注释十部算经的功绩给予了高度评价。

"草圣"的称号曾被人怀疑

张旭人称"草圣",但在历代史书上对他的评价却有所出入。我们熟知的"草圣"称号,可能是宋朝以后的讹传。张旭的生平,分别在《旧唐书》和《新唐书》两部正史中有所提及,然而,仅仅是从五代到北宋这短短数十年间,文人对张旭的评价就有了区别。

《旧唐书》中对张旭的生平记载十分简略,简简单单的一句话总结了张旭的性格特点,即张旭爱喝酒,他酒后所写的草书挥洒自如,有如神助,被大家所推崇。但是,到了《新唐书》中,张旭的形象则出现了一些变化。宋人不仅将张旭"爱喝酒"改成了"嗜好喝酒",言语中还带有贬低的意味。《新唐书》还认为张旭酒后有如神助的草书,不过是自己认为好,其他人并不一定认可。由此可见,到了宋朝,人们对张旭的评价已经远不如唐朝。

除了正史,在宋朝其他的典籍中对张旭也有所评价。比如,宋朝文人李肇就在他的《国史补》中,严肃批驳了人们将张旭称为"草圣"的说法,他认为"草圣"本应该是书法家张芝,只不过后人讹传将张芝传为张旭。不仅如此,宋朝文人还将张旭称为违反古法的俗人,他们认为张旭不过是违背了古代流传下来的书法技巧,哗众取宠罢了。即使是苏轼、米芾这样的饱学鸿儒,对张旭也颇有微词。可见,张旭在史书中的评价,远不如我们想象中的那样高大。

除了书法什么都不会

一提起张旭,第一反应就是他的草书艺术。唐朝文学家韩愈曾说张旭除了书法,不擅长其他技艺。其实,张旭的诗歌在盛唐诗坛依旧占有一席之地。不仅如此,凭借诗歌和书法,他还和贺知章、张若虚、包融合称为"吴中四士"。

张旭存世的诗歌,主要收录在《全唐诗》中,主要有《清溪泛舟》《桃花溪》《山行留客》《春游值雨》《春草》和《柳》等,当然还有诗书双绝的《肚痛帖》。除此之外,《全唐诗》《水浒传》中也收录了一些张旭的诗歌,但这些诗歌究竟是否为张旭所作,仍存在疑问。不过,仅靠确定的这几首诗歌,就足以奠定张旭在盛唐诗坛的地位了。

或许大家还是会疑惑,为什么寥寥几首诗就能够奠定张旭的诗坛地位?原因也很简单,那就是张旭的这些诗作实在太好了。杜甫将张旭评为"饮中八仙"之一,李白更是称赞张旭"三吴邦伯皆顾盼,四海雄侠两追随。"可以说,张旭的诗文是得到诗家普遍认可的。

  张旭的诗歌写作，是和他的书法造诣相辅相成的。张旭的书法能取道家的任性自然，取剑舞的潇洒飘逸，他的诗歌当然也有这些特点。要知道，在中国古代，一直有"诗歌是内心的心声，书法则是内心的写照"的说法。因此，张旭的诗歌不像盛唐诗人那样死守格律，而是和李白一样任性潇洒。不仅如此，张旭的诗歌和他的书法一样，皆具有飘逸潇洒的特点。

张旭令人羡慕的朋友圈

张旭一生洒脱豁达,虽然没有仕途通达,但也结交了许多名士,其中著名的有贺知章、颜真卿和吴道子,他们都与张旭结下了深厚的情谊。

贺知章是盛唐著名诗人,一向为人豁达爽朗。不仅如此,贺知章的书法也堪称出众。张旭和他秉性相投,爱好一致,他们聚在一起总是会留下一段佳话。当时的文人,喜欢形象地记录友人会面的场景。根据他们的记录,张旭和贺知章经常游历山河,不但如此,一旦他们两人喝酒的地方有墙壁屏风,他们总会留下自己的诗文书法,可见他们的情谊非比寻常。

颜真卿与张旭的情谊,主要建立在师生关系上。颜真卿担任礼泉县吏时,曾拜访张旭,向他请教书法。颜真卿本身就有极高的书法造诣,张旭对他非常用心,不仅将自己师承舅舅陆彦远的书法技艺告诉颜真卿,还倾其所能教授颜真卿。用颜真卿自己的话来说,跟随张旭学习之后,他才得到书法的精髓妙法。颜真卿还专门写了《述张长史笔法十二意》，论述张旭的书法技巧。不仅如此，张旭本人传世作品不多，而深得张旭真传的颜真卿却为他留下众多风格一致而写法有所变化的碑刻作品。因此张旭与颜真卿深厚的情谊，早已经超越了普通的师生之义。

吴道子对张旭更多的是倾慕之情。在吴道子还未成名时，张旭就已经声名鹊起。吴道子向张旭拜师，向他请教书法的笔法和技巧。尽管吴道子主要以绘画闻名，他对张旭的倾慕和师承之情，是不可否认的事实。

为何吴道子的画作"消失"啦

作为一代画圣,吴道子的画作不可谓不多。他虽然各种题材都有所涉猎,但其中数量最多、技巧最精湛的,莫过于宗教绘画。在这个领域,甚至有"道玄以佛道为第一"的评价。他的宗教画技,主要体现在寺庙道观里的壁画上,单说长安、洛阳两京寺观中的壁画,就有三百余幅之多,两京之外的壁画更是多不胜数。

《历代名画记》中,曾经提到过吴道子在洛阳玄元皇帝庙的绘画,他将高祖、太宗、高宗、中宗和睿宗都画在壁上,成就了一幅《五圣图》。杜甫在《天宝八载,冬,月,日,洛城北,玄元皇帝庙,作》一诗中,提到过这幅壁画,赞美吴道子的画工,认为"画手看前辈,吴生远擅场"。一直到宋朝,这幅壁画依然保留在寺庙中,直到宋末寺庙被毁,吴生的画迹也因之消失了。

吴道子在画坛中的名声极大,所以后人临摹、复刻其作品的次数和数目非常多。吴道子的画作,以《送子天王图卷》和《道子墨宝》最为引人注目。其中,《送子天王图卷》的名声尤大,也一向被历代收藏家所珍藏。名人张丑的《清河书画舫》提到这幅图时,称它是"韩氏(存良)名画第一,又云天下名画第一"。可惜的是,这幅"天下名画第一"现在却不在国内,而是收藏于日本大阪市立美术馆。《道子墨宝》的知名度就相对逊色,从名字就能看出它不只是一幅图画,而是对吴道子墨宝的整理。不过可惜的是,原本在清朝宣统年间流出国外,现在已经失传,只有影印本留存于世。

从民间画工到宫廷画师

只要对中国画稍有了解,就不会不知道吴道子这个名字。他是中国古代最有影响力的画家之一,甚至享有"画圣"的尊称。有关吴道子的记载很少,只知道他年轻的时候家境贫寒,最初是个民间画工。因为吴道子足够勤奋,天赋也很好,他的绘画技艺突飞猛进,很快通过这一技之长,在中书侍郎韦陟的手底下找了个小吏的工作。比起做官,吴道子更爱画画,他很快辞去官职,到繁华的东都洛阳精进绘画之术。通过在寺庙中画壁画,吴道子在洛阳打出了名声,很快他的名字就在两京传扬,连唐玄宗李隆基都知道了。于是,他被皇帝召入宫中,这位民间画工由此成了宫廷画师。

吴道子入宫后,最初是个供奉,后来被授为内教博士。在宫中当绘画老师的这些年,他偶尔也跑跑外勤。公元725年,他跟着唐玄宗东封泰山,和韦无忝、陈闳一起绘制了《金桥图》。天宝年间,他又奉唐玄宗的旨意到嘉陵江出差,将山水美景记录在心，把嘉陵江三百余里的景色绘在大通殿的墙壁上，成为画史上脍炙人口的美谈。这幅画后来被收录在《唐朝名画录》中。

吴道子在宫中风头无两，直到安史之乱爆发。这个时候，宫中通过乐曲作画取悦唐玄宗的供奉们地位大跌。在安禄山进攻长安，唐玄宗逃亡蜀中后，吴道子的去向并未有明确记载。

吴道子被尊为祖师爷

　　吴道子有着巨大的创作热情和旺盛的创作精力，正因如此，他的画作数目极多，技艺也尤为精湛，在绘画艺术上取得了前所未有的卓越成就。单从绘画的风格和技法来讲，吴道子对社会生活进行深度挖掘，对人物性格也进行着细致的观察分析，他的画作因此有着一般画家难以企及的生动和真实。但比起这些技巧，吴道子更为人称道的，是在绘画这个领域的创新。无论是形象塑造还是描形设色，吴道子都有自己的心得体会，并极大地影响了后人。他的画作因此被称为"吴家样"，所谓"样"，就是楷模的意思。

　　除了独具一格的人物画，吴道子的山水画也自成一家。张彦远在《历代名画记》中提到吴道子的山水画，有"古今独步""山水之变始于吴"的评价。可惜的是，因为吴道子在中年之后将主要精力放在了人物画的创作上，在山水画上的影响力始终有限。

从对后世的影响来看，吴道子的画风被唐朝和宋元以来的许多画家模仿和借鉴，也被论画者广为提起。比如，明朝周履靖的《天形道貌》就提到了历代衣褶描法有十八种，其中"柳叶描"与"枣核描"都是吴道子的描法。而清人蒋骥的《传神秘要》中，也提到了吴道子的绘画方式："用笔短，落笔轻，乾淡渐加，细洁圆润"，具有独树一帜的特殊风格，被后世广泛学习。

正因如此，吴道子在画史上被尊为"画圣"，历代的民间画工也将他尊为祖师爷。在绘画领域，吴道子受到了极高的尊崇，甚至可以与"三清""三圣"相媲美。

大唐孤勇者颜真卿"螳臂当车"

公元753年,对于颜真卿和大唐来说,都非比寻常。因为在这一年,把持大唐朝政近二十年,只手遮天的奸相李林甫死了。奸臣死了,应该是好事啊?未必。有两个人从此展开了权力争夺赛,都想接替李林甫成为大唐的新权臣。这两个人就是杨国忠和安禄山。

那颜真卿怎么了呢?

面对杨、安两人,颜真卿选择都信。他既信杨国忠误国,也信安禄山会反。眼里揉不得沙子的颜真卿,不屑于和杨国忠为伍。当朝中百官都忙着攀附杨国忠时,颜真卿成了政治派系中的"孤勇者"。他被杨国忠的一纸调令,外放到平原郡做太守。平原郡,这是安禄山的大本营。到了平原郡,颜真卿干了点啥呢?他巡视平原郡的城墙,说:"这城墙这么矮,也不结实,万一发洪水可怎么办?"于是,他发动居民修城墙。没错,他坚信安禄山必反,朝廷不管,那我管。他用自己的方式为抵抗安禄山做准备。

而此时的安禄山手握兵马，一个小小的平原郡挡得住吗？这不是螳臂当车吗？可庄子曾说过："螳臂当车，此为人而必为天下无勇也。"人若是能像小螳螂一样，明知不可为而为之，才是真正的忠勇之人！大唐孤勇者颜真卿就是这么一位忠勇之人！

七十四岁的颜真卿只身赴敌营

七十四岁高龄的颜真卿,依旧是刚正不阿,直言不讳。这个脾气让他得罪了好几任的宰相,官运也是几经沉浮。不过,作为在安史之乱中立下过赫赫战功的老英雄,他在朝中的威望始终很高。当时的宰相是望族范阳卢氏之后——卢杞。为了打压德高望重的颜真卿,卢杞使了个阴招。

当时,正值淮西节度使李希烈谋反,卢杞提议选一个德高望重的老臣,去当面训斥。于是,他选中了三朝元老颜真卿。谁都知道,这等于去送死,建议颜真卿别去。但颜真卿还是毅然决然地走向敌营。

临走前,他给儿子留下了6个字:"奉家庙,抚诸孤。"这是一封诀别信,说的是好好供奉家庙,照顾好孩子们,我走了。来到敌营,叛将李希烈命数千人高举尖刀,形成一道钢铁长廊,让颜真卿从下面穿过去,还让这些人不停地辱骂颜真卿。颜真卿面对尖刀和谩骂,脸上没有一丝动容。他走到李希烈面前,给他讲君臣大义，劝他回头是岸。李希烈敬重颜真卿的为人，没有杀他，而是把他软禁了，还让使者们去劝说颜真卿："早就听说您名望高，德行好。您要是肯依附，让您当宰相。"颜真卿冷笑着说："你们听过一个叫颜杲卿的人吗？当年安禄山一刀刀地割下他的肉，他都没有动摇。他是我堂哥。这就是我们颜家人的风骨。"

软的不行，李希烈就来硬的。他命人挖了个大坑，吓唬颜真卿说："我要活埋了你。"颜真卿说："何必这么麻烦哪，想杀我直接砍一刀不更解气吗？"颜真卿被李希烈一直关了一年零七个月，这可是个年过七旬的老人。

公元784年，李希烈派人处死颜真卿。使者说道："敕书来了，赐你去死。"颜真卿说："我没完成大唐交给我的使命，死是应该的。只不过你说的话里有个错误，李希烈就是一个贼寇，他的旨意怎么配叫敕书呢？"说完，颜真卿慷慨赴死。

茶叶的国民饮料之路多亏了他

中国是世界茶叶的故乡，饮茶历史悠久。我们今天的饮茶习俗，经历了一个从药品到饮品的演变过程。

其实，"茶"这个字出现得很晚，最开始只有"荼"，也就是苦叶子。传说神农尝百草，日遇七十二毒，得荼而解之。意思是说，神农尝百草的时候，吃了很多有毒的草，幸亏遇到了"荼"才缓解了毒性。后来，"荼"字去掉了一笔，才变成了今天的"茶"字。

陆羽之前的茶，有着明显的药物属性。而陆羽之后，茶有了不一样的韵味。陆羽外出从事研究茶叶的时间很多，游遍了江南各地，对茶叶采制、饮用和茶事深入地研究和实践，积累了丰富的茶事知识，最终写成了《茶经》。

《茶经》开篇就把茶作为主体，陆羽用史家为人物作传的口吻叙述道："茶者，南方之嘉木也。"自此，开始了对茶的全面拟人化定义。陆羽以不容置疑的语气对茶做了评判，涉及茶的出生地、形状、称谓、生长环境、习性等方面。而茶与人的关系，就像茶自身因为生长环境有所区别一样，也需要区别看待。至此，茶从自身的药物属性中脱离出来，也从其他类植物中脱离出来，逐渐成为中国人最爱的国民饮料。

好水配好茶，我的嘴巴就是尺

据说有一些品酒师，尝一口酒，就能喝出这个酒是哪一年出产，哪个产地的。中国古代的茶圣陆羽也可以做到，只不过他不是喝酒，而是喝茶。陆羽同时代文人张又新在《煎茶水记》里记了这么一个故事：说李季卿在扬子江畔遇到了在此考察茶事的陆羽，便想要同船而行。李季卿听说扬子江中心的南零水煮茶极佳，就令士卒驾小舟前去汲水。不料士卒在半路上将一瓶水泼洒过半，他只能偷偷舀了一点岸边的江水来填充。陆羽尝了一口，立刻指出："此为近岸江中之水，非南零水。"李季卿令士卒再去取水，陆羽品尝后，才微笑道："此乃江中心南零水也。"取水的士卒不得不佩服，跪在陆羽前面告知了事情原委。陆羽的名气，随后也就越发被传得神乎其神了。

还有个故事，传说竟陵积公和尚善于品茶，他不但能鉴别所喝的是什么茶，还能分辨沏茶用的水，甚至还能判断出谁是煮茶人。这个消息传到了唐代宗的耳中。代宗本人也嗜好喝茶，是个品茶行家，他听到这个传闻后，就下旨叫来了积公和尚，决定当面试茶。积公和尚到了宫里之后，皇上让宫中煎茶赐予他品尝。积公接茶后轻轻喝了一口，就放下了，再也没喝第二口。皇上就问为什么，积公起身摸着长须笑道："平日所饮之茶，都是弟子陆羽亲手所煎，饮惯他煎的茶，再饮别人煎的茶，实在是有点淡。"于是，皇帝派朝中百官出去寻找陆羽，把他招进宫来。

陆羽取出自己采制的好茶，用泉水煎烹后，献给皇上。皇帝品尝后连连点头，称赞好茶。接着就让陆羽再煎一碗，由宫女送给在御书房的积公和尚品尝。积公和尚端起茶来，一饮而尽，然后放下茶碗，兴冲冲地走出书房，大声喊道："陆羽在哪里？"皇帝吃了一惊："你怎么知道陆羽来了呢？"和尚哈哈大笑道："刚才品的茶，只有我徒儿才能煎得出来，喝了这茶，当然就知道是他来了。"当然，这个故事肯定有夸张之处，但也一定程度上反映了陆羽这位茶圣的高超水平了。

陆羽的茶界封神之路

中国古代,有很多"圣人",比如书圣、诗圣、画圣等,一般是指某个行业、某种技艺或某个领域的开创者,或做出了突出贡献的人。喜欢喝茶的朋友都知道,中国古代的"茶圣"就是唐朝的陆羽。

据《新唐书》和《唐才子传》记载,陆羽一生下来,就因为相貌丑陋而成为弃儿,不知其父母是何许人也。后来,被龙盖寺住持智积禅师收养。陆羽这个名字,其实是他自己取的。

陆羽自幼在寺庙中长大,在黄卷青灯、钟声梵唱中读书识字、诵读佛经。陆羽十二岁时,到戏班子里去学演戏,做了优伶。他虽然长得不好看,还口吃,但这些缺陷如果用来饰演插科打诨、滑稽出丑的丑角却非常成功,所以陆羽一下子就"谐星出道"了。后来,他还编写了三卷笑话书《谑谈》。

公元746年,竟陵太守李齐物推荐陆羽到隐居于火门山的邹夫子那里去学习。陆羽成功抓住了这个深造的机会。六年后,他学成下山，结识了竟陵司马崔国辅，两人常常一起出游、品茶鉴水、谈诗论文。在这个过程中，陆羽对研究茶艺产生了浓厚的兴趣。他为了实地考察，掌握第一手资料，出游巴山、陕川。一路之上，他走走停停，遇到高山就采茶，遇到清泉就取水，然后把这些茶和水的特质都记在自己的小本本上。

陆羽就这样一路走啊走啊，把所有的精力都放在了研究茶这件事上。他隐居山间，深入农家，采茶觅泉，品茶品水，终于完成了著作《茶经》。

"古文运动"先行者

柳宗元的一生虽然短暂，但是却异常精彩，成就非凡。柳宗元参与王叔文变法，虽然失败了，但为打击宦官势力、革除政治弊病做出了贡献。他被贬到地方后，为老百姓做了不少的好事。不过，柳宗元最大的成就还是在文学方面。他与韩愈一起发起了古文运动，这里的"古文"是相对于唐朝来说的，指的是唐朝以前或者更早以前的文体。

柳宗元那个时代，文人当中流行的是骈文，也叫骈体文、骈俪文或骈偶文，起源于汉代，盛行于南北朝，到唐中叶以前还很流行。骈文全篇以偶句为主，十分讲究对仗、辞藻、音律和用典。因为句子都是四个字和六个字的，所以也叫四六句。曹植的《洛神赋》、王勃的《滕王阁序》都是著名的骈文，非常优美，辞藻华丽，典故非常多，颇具艺术气息。

但是，这种文体在发展当中逐渐走向极端，过于追求形式，不注重内涵，华而不实。面对这种情况，柳宗元等人打起了复兴古文的旗号,力图对抗浮华的骈文,纠正不良文风。古文相对于骈文而言,以单句为主,不受格式的拘束,形式上更加自由,更加注重真情实感,语言贵在质朴,言之有物,能够真正反映现实生活和思想。

  柳宗元本人也喜创作,写了很多的优秀作品。比如《捕蛇者说》,他通过蛇毒与苛政之毒的联系,用毒蛇之毒来衬托赋税之毒,突出了社会的黑暗。在《封建论》中,柳宗元对分封制进行了全面的分析,雄辩地论证了郡县制巨大的优越性,痛斥了各种鼓吹分封制的谬论,打击藩镇们的气焰。这些作品大多观点明确,逻辑严密,笔锋犀利,声情并茂,给后来者提供了写古文的样板。

散文成就远在诗歌之上

　　大家是怎么知道柳宗元的呢？因为学过他写的《小石潭记》《捕蛇者说》。柳宗元在你的印象中，是一个怎样的人呢？仕途坎坷、落寞失意、孤傲高洁，这些确实是柳宗元的特点，但是真实的柳宗元，远比我们印象中的丰富、多面且伟大。

　　柳宗元流传下来的诗共有一百四十多首，《江雪》就是其中之一："千山鸟飞绝，万径人踪灭。孤舟蓑笠翁，独钓寒江雪。"短短二十个字，就描绘出一幅明快、清幽的山水人物画，作者不与世俗同流合污的品格，映射在整个天地中，成就千古名篇。有人说这首诗"殆天所赋，不可及也已"。用简练质朴的语言，表达深刻的思想内涵和强烈的情感，正是柳宗元诗歌的独特风格。苏轼认为："所贵乎枯淡者，谓其外枯而中膏，似淡而实美。渊明、子厚之流是也。"在诗歌成就上，苏轼把柳宗元和陶渊明放在了同一个水平上，够厉害了吧？但是，诗歌在柳宗元的文学成就中，却不是最高的。柳宗元在散文上的成就远在诗歌之上。

唐宋八大家当中，唐朝只有两人：韩愈和柳宗元。他俩发起的古文运动改变了中国文章的评价体系，甚至影响了中华文化的走向。柳宗元的说理文《天说》《晋文公问守原议》《断刑论》逻辑严密，针砭时弊，充满了战斗力。他的传记《段太尉逸事状》《梓人传》《河间传》高度赞扬了底层人物反抗强暴的斗争精神，毫不掩饰地揭露了社会的矛盾。

柳宗元还是中国文学史上第一个将寓言作为独立文学作品创作的人。他的寓言《临江之麋》《黔之驴》《永某氏之鼠》等，通过描写小鹿、驴子、老鼠、猎人这些角色的悲剧生活，抨击了统治阶级剥削人民的丑恶社会现象，既符合真实，又幽默诙谐，艺术水准非常高。

柳宗元的散文之所以被推崇，绝不仅仅因为写作方式上比骈文灵活、情感上更真实，而是他的文章里阐述了深刻的思想。柳宗元作为官僚阶层，他反对天命论，对底层百姓有着强烈的同情和支持。这些才是柳宗元被铭记的根本原因。

第五章

传奇女性

上官婉儿竟然和武则天有杀父之仇

上官婉儿的祖父上官仪是唐初著名诗人、御用文人,常常替唐高宗李治起草诏书,官至宰相。公元664年,不满武则天擅权的唐高宗计划废掉皇后,便秘密召来心腹上官仪商议此事。上官仪奉命替唐高宗起草废后诏书。

然而事情败露,上官仪得罪了武则天,当年十二月,武则天指使亲信许敬宗诬陷上官仪、王伏胜勾结废太子李忠意图谋反。不久,上官仪下狱,之后与儿子上官庭芝(上官婉儿之父)、王伏胜一同被处死,其家产被抄没,废太子李忠被赐死。

当时,刚刚出生的上官婉儿与母亲郑氏被配入掖廷。在掖廷为奴期间,在母亲的悉心教导下,上官婉儿熟读诗书,不仅能吟诗著文,还明达吏事,聪敏异常。

武则天听说上官婉儿的才名,下令召见当时年仅十四岁的上官婉儿,并当场出题考她。上官婉儿文不加点,其文流畅优美。武则天十分满意,当场下旨免了上官婉儿的奴婢身份,并让其掌管官中制诏。

上官婉儿在武则天执政期间，虽无宰相之名，但已具宰相之权。虽有杀父之仇，但武则天对她的知遇之恩，不可谓不隆。

身为大唐"女宰相"的上官婉儿都有哪些功勋

上官婉儿的一生历经武则天、唐中宗两朝,人称"巾帼宰相"。起初上官婉儿因聪慧善文而得到武则天重用,被封为"内舍人",掌管宫中制诰。唐中宗李显时期,上官婉儿被封为昭容,其权势更盛以往。

上官婉儿凭一己之力,总揽唐中宗统治时期的制诰工作,批复四方奏折,草拟朝廷诏令。不仅如此,上官婉儿还对修文馆大刀阔斧地进行改革。上官婉儿的种种举措,使修文馆成为天下英才荟萃的机构,读书人皆以进修文馆为荣,民间的读书热情得以被激发。

上官婉儿不仅才能出众,还一度力挽狂澜。这件事要从安乐公主说起,安乐公主是韦皇后和唐中宗最宠爱的女儿,她恃宠而骄、飞扬跋扈,野心勃勃地想要效仿武则天当女皇,于是她再三要求唐中宗封她为"皇太女",可是真若如此,大唐势必要面临一场浩劫。关键时刻,上官婉儿挺身而出,她再三劝谏唐中宗,

"泣血极谏，扣心竭诚"，甚至当场喝下鸩酒，以死相求，太医紧急救治，她才得以保命。最终，唐中宗回心转意，没有同意安乐公主的请求，唐朝由此躲过一劫。如此看来，上官婉儿确实是挽救大唐的功臣。

武则天和李治竟是模范夫妻

唐高宗李治与他的第二任皇后武氏之间的关系究竟如何?

传统的观点认为,李治的纵容导致武后的权力恶性膨胀,甚至压倒了皇权。但是这种说法是失之偏颇的。首先,武则天的权力实际上是李治授予的。公元 655 年,李治废掉王皇后,立武氏为皇后。为了抬高武氏的地位,他下令百官前来拜贺,为此还大赦天下,这正是为了强化皇后武氏在天下人心中的威望。为了培养皇后武氏的政治班底,他还追赠武氏的父亲为司徒,提拔武氏族人入朝为官,并且重编姓氏录,将武氏一族提为第一等士族。从李治的一系列举动来看,他对武氏是非常支持和信任的。

与之相对,皇后武氏也用实际行动来辅佐李治。李治身体不好,经常因为头痛而难以处理政务,这也是一些史料说武氏侵夺皇帝大权的理由。然而,通过对唐朝原始文献的研究不难发现,其实在高宗一朝的重大政治决策上,李治始终掌握着最终决定权,权力并没有失控。很多时候,他们夫妻二人在政治上是合作无间的，无论是对外的征讨，还是对内的稳定朝局，他们夫妻都配合得很好。

公元 674 年，皇后武氏提出了"建言十二事"，即针对国家政务提出了十二条建议。很多人觉得这是皇后武氏权力膨胀的表现，但是这十二条建议，无论是轻徭薄赋，还是广开言路、尊崇孝道，都切中时弊。作为李治最坚定的政治盟友，武后很好地履行了自己的职责。有赖于这对夫妻的努力，大唐才能延续贞观年间的繁荣。

武则天的儿子中为何只有李旦得以善终

武则天的政治才能和野心谋略不容小觑，拥有铁血手腕的她，在执政过程中，大肆剪除异己，就连自己的儿子都可以狠心灭除。

武则天和唐高宗李治有四个儿子，分别是李弘、李贤、李显、李旦。这兄弟四人，唯有幼子李旦安享晚年，得以善终，这是因为李旦"三让天下"，才将自己从政治斗争的旋涡中解脱出来。

长子李弘，五岁成为太子，孝顺仁德，深受唐高宗李治的喜爱和重视。但他体弱多病，公元675年，随帝后出行洛阳时猝然离世，年仅二十三岁。

次子李贤，才思敏捷，也深得父皇李治喜爱。李弘病逝之后，李贤被册立为太子，三次监国，表现极好，得到唐高宗的称赞和朝野的拥戴。但李贤野心太大，惹得武则天猜忌。公元684年，武则天主政后，李弘被酷吏丘神勣逼迫自尽，年仅二十九岁。

三子李显，在唐高宗驾崩后继位为唐中宗，仅一个月就被母亲武则天废黜。武则天晚年时，李显再次称帝，却被妻子韦皇后设计毒死。

幼子李旦，深知皇权斗争的凶险，一直表露出无意皇位的态度，行事小心谨慎。他主动把皇位让与母亲武则天，把皇太子的位置让与哥哥李显，顺利熬过武则天的专政时期。二次称帝后，他又把皇位让与儿子李隆基，得以安享晚年。

为什么松赞干布执意求娶文成公主

吐蕃的首领松赞干布多次向大唐请婚，希望迎娶一位大唐的公主。但这时，另外一个少数民族政权吐谷浑已经娶了唐朝的弘化公主。所以，刚开始的时候，唐太宗并没有答应吐蕃的请婚。

松赞干布为了让唐朝意识到自己的实力，不但派兵攻打吐谷浑，还让吐蕃的军队攻入了松州。面对这种情况，唐朝不得不出兵迎战，但双方军队的战斗力并不在一个量级上。松赞干布攻打松州的目的并非是抢夺土地和城池，他希望通过这样的方式获得和亲，在贸易、文化等各个方面与唐王朝达成全面的合作。

唐太宗是出于什么样的考虑呢？首先，唐太宗对吐蕃并没有过多的关注。吐蕃位于西南，又位于高原地区，自然条件并不好。在松州之战中，吐蕃快速撤军，松赞干布表现出了态度和诚意。其次，唐太宗在下一盘很大的棋，像周边的民族关系还没有完全捋清，北方的薛延陀、西北的西突厥、东北的高句丽都引起了他的担忧。所以，他希望集中兵力考虑这些方面的问题。最后，唐太宗时期推行府兵制。府兵制的一个特点是兵农合一，府兵是耕种土地的农民，农闲时节训练，战时就从军打仗。如果是发生长时间的拉锯战，势必会影响士兵正常的农业生产。所以，唐王朝是无法承受与吐蕃打持久战的。

最终，唐太宗答应了松赞干布的请婚请求。松赞干布喜出望外，他立刻派遣使者来到了大唐。在《旧唐书》中是这样写：献金五千两，自余宝玩数百事。献上这些宝物的目的只有一个，就是顺利迎娶大唐的公主。

文成公主的嫁妆竟助推了吐蕃的发展

据记载,文成公主的嫁妆非常丰富,包括释迦牟尼佛像、珍宝、金玉书橱,以及各种饰物、烹饪的食物,花纹图案的锦缎垫被,甚至包括一些卜筮的经典书目、治病的药方、医学著作以及医疗器械。同时,文成公主还携带了多种谷物种子。

在松赞干布和文成公主的授意之下,唐朝派来的农技人员还有计划地向吐蕃人传授农业技术,这就使他们在游牧之余收获到大量的粮食。唐朝的农技人员先把中原所带去的各种粮食种子播种下去,再加上有效的施肥、管理等,到了收获的季节,庄稼高产,让吐蕃人大开眼界。此外,吐蕃还学到了唐朝在农业上的一些防旱、排涝措施等。

不过我们也应该承认,像一些歌谣和传说中说的青稞的种子、牛羊等牲畜养的殖技术,这些并不是文成公主的功劳。青稞在当地早有种植,土生土长的吐蕃人不会种,而从中原来的文成公主会种,这明显不符合常理。那么,实际的情况如何呢?比较合理的说法是吐蕃人已经懂得了种植青稞、荞麦之类的作物，但是并不善于管理，常常是只种不管，所以产量比较低。

　　文成公主和松赞干布，为了政治利益而结合，却成就了一段千古美谈。他们的结合，不仅仅达到了两个政权友好交往的目的，促进了经济和文化的交流，还极大地助推了吐蕃的发展与进步。

文成公主的婚礼并非世人想象中那般奢华

　　文成公主的婚礼其实是非常简单的，并没有人们想象中的奢华，也没有电视剧中表现出来的那么盛大。历史的真相和人们的想象形成了极大的反差。文成公主与松赞干布完婚一年之后，布达拉宫的修建工作才完成，所以说，松赞干布和文成公主是在河源结的婚。按理说两个年轻人新婚大喜，应该是你侬我侬，度蜜月。但实际上，婚礼一结束，松赞干布就抛下新娘子，快马加鞭急匆匆地赶回逻些去。那他忙着做什么呢？恰好在这个时候，吐蕃内部发生了松赞干布和他的弟弟赞松之间的矛盾。弟弟负气出走，藏普兄弟之间失和，这不仅仅是个人恩怨，很可能是支持他们的两派势力在做斗争。在这火急火燎的时候，松赞干布只能强忍着心中的怒火，决定先完成婚礼再说。婚礼一结束，松赞干布就不得不抛下新娘子，快马加鞭急匆匆地赶回逻些。文成公主刚见了新郎官一面，很可能连新郎官长什么样还没有记清楚。

　　在松赞干布离开之后，文成公主一行，就继续从河源出发，经过了长途跋涉,到达了吐蕃的都城逻些。文成公主嫁给松赞干布的消息,很早就传到了吐蕃。吐蕃在很多方面都做好了准备,准备了马匹、牦牛、食物以及饮用水等,隆重地迎接唐朝公主的到来。